AF455784

À MA MÈRE.

SOLFÈGE
à
DEUX VOIX,

destiné aux

Classes d'ensemble

et composé

PAR

A. LE CARPENTIER.

Prix 20f.

Cet Ouvrage fait suite au petit Solfège pour les Enfans du même Auteur.

PARIS, J. MEISSONNIER FILS, Editeur,
18, Rue Dauphine.

A. Vialon

Londres, Scho[illegible] et Comp. (J.M. 3346) Mayence fils de B. Schott.

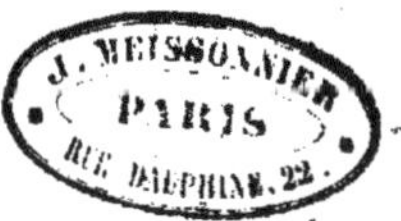

PRÉFACE de la 1.ère **Edition** sans accompagnement.

Ce Solfége à deux voix, destiné principalement aux classes d'ensemble, fait suite à mon *Petit Solfége pour les Enfans.*

En étudiant le *Petit Solfége* à une voix, les élèves ont pris graduellement connaissance des valeurs des notes, des silences, etc. Cependant, comme chanter à deux voix est une difficulté nouvelle, j'ai rappelé, dans cet ouvrage, les différentes combinaisons d'une manière élémentaire et progressive, mais plus abrégée. Les *principes* placés au commencement du *Petit Solfége pour les Enfans* devront être revus à mesure que la pratique du *Solfége à deux Voix* le rendra nécessaire.

Les *Exercices Rhythmiques* que l'on trouvera (page **97**) contiennent des difficultés de valeurs et de silences qu'il sera très utile de faire travailler aux élèves, afin de les rendre bons musiciens.

Les *Exercices d'intonations* (page **107**), en habituant la voix aux intervalles difficiles et peu usités, feront trouver faciles les intonations que l'on rencontre le plus ordinairement.

Enfin les *Exercices élémentaires de vocalisation* (page **110**) ont pour but de faire acquérir à la voix une bonne qualité. En plaçant dans ce *Solfége à deux Voix* quelques *Exercices* élémentaires de *vocalisation*, je n'ai certainement pas prétendu enseigner l'art du chant, mais j'ai pensé faire une innovation utile en ce que, au moyen de ces exercices, il devient possible de poser la voix des jeunes élèves et de les habituer à nuancer avec ensemble. Ceux qui, après avoir étudié ces premiers éléments de vocalisation, voudront pousser plus avant leur éducation de chanteurs, pourront alors avoir recours aux méthodes spéciales.

En livrant au public ce nouvel ouvrage élémentaire, je crois venir en aide au grand nombre d'élèves qui s'occupent maintenant de musique vocale, et je profite de cette circonstance pour remercier MM. les Professeurs du bon accueil qu'ils ont déjà fait à mes précédentes publications, espérant trouver en eux la même bienveillance pour ce *Solfége à deux Voix*.

PRÉFACE de l'**Edition** avec accompagnement.

Mon but en écrivant cet ouvrage était seulement de m'adresser aux classes d'ensemble qui comprennent un grand nombre d'élèves; je le composai donc sans accompagnement, voulant le rendre accessible à tous les cours de Solfége.

L'encouragement que j'ai reçu de MM. les Professeurs et les conseils qu'ils m'ont donnés de l'approprier aux leçons particulières m'ont décidé à y joindre un accompagnement de Piano.

Cet accompagnement, en ajoutant du charme aux leçons, aura encore l'avantage d'habituer les élèves à entendre une harmonie complète.

Paris, Imp: Bause, 14 rue S.t Marc.

SOLFÉGE A DEUX VOIX.

MESURE A QUATRE TEMPS.

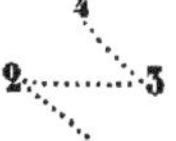

Gamme en UT majeur (à l'unisson)

Une Pause pour la mesure entière. — Une ronde pour quatre temps.

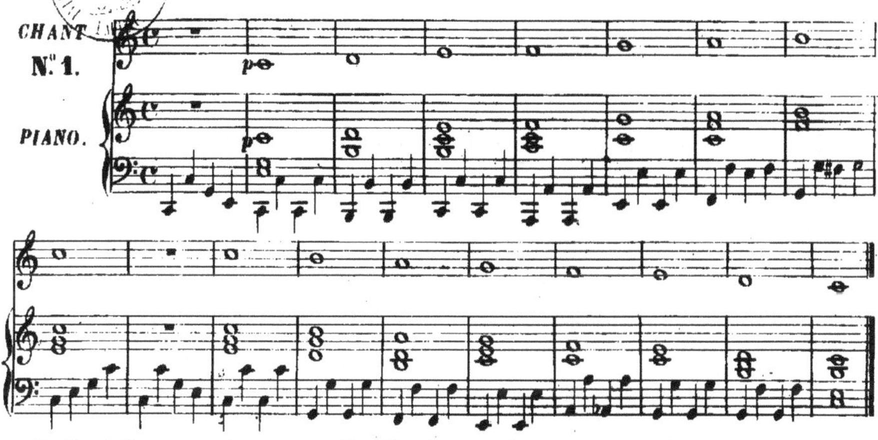

Une Demi-Pause pour deux temps. — Une Blanche pour deux temps.

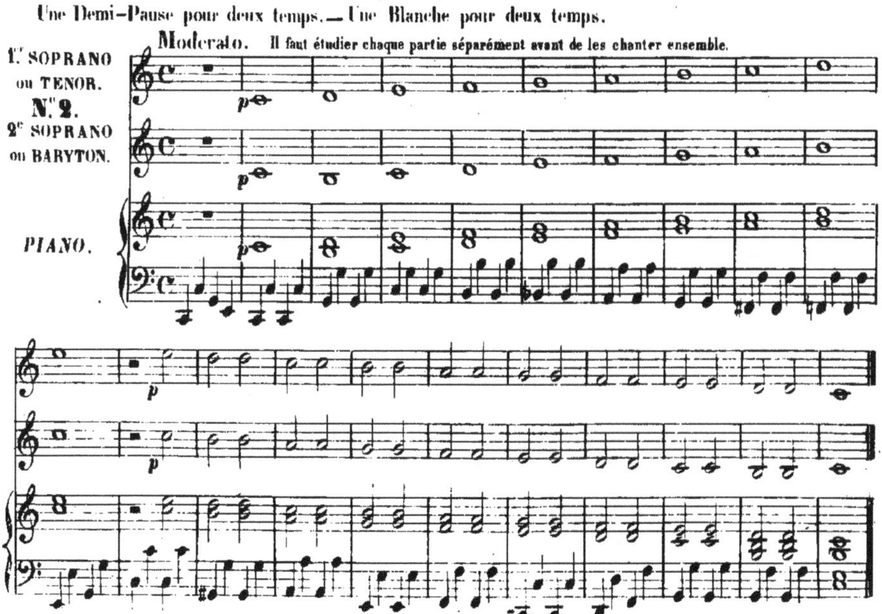

L'accompagnement de piano n'ayant été ajouté qu'après les leçons composées, peut être supprimé à volonté; on peut donc chanter tout ce solfége avec ou sans accompagnement.

Un soupir pour un temps. — Une Noire pour un temps. — Intonations préparatoires.

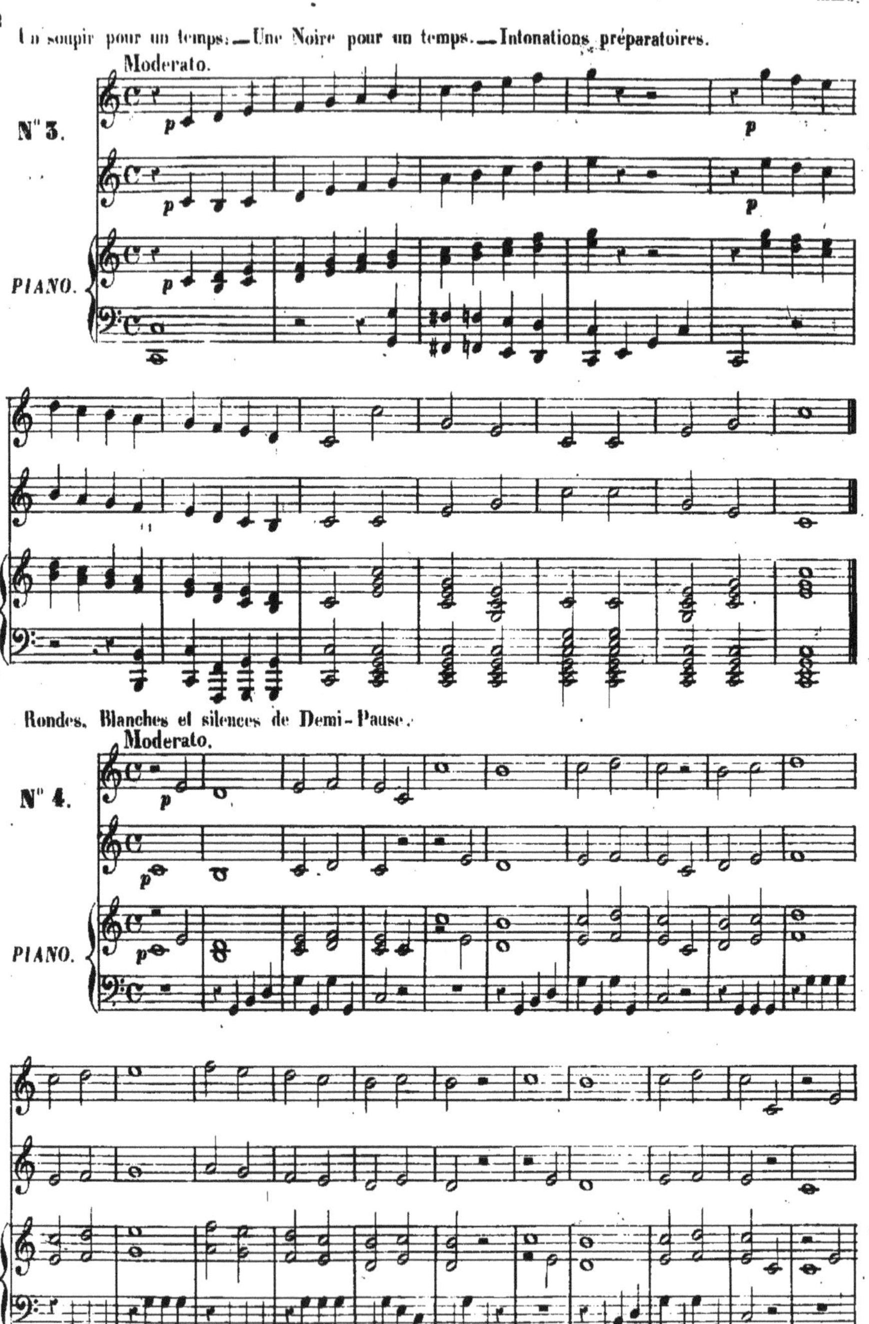

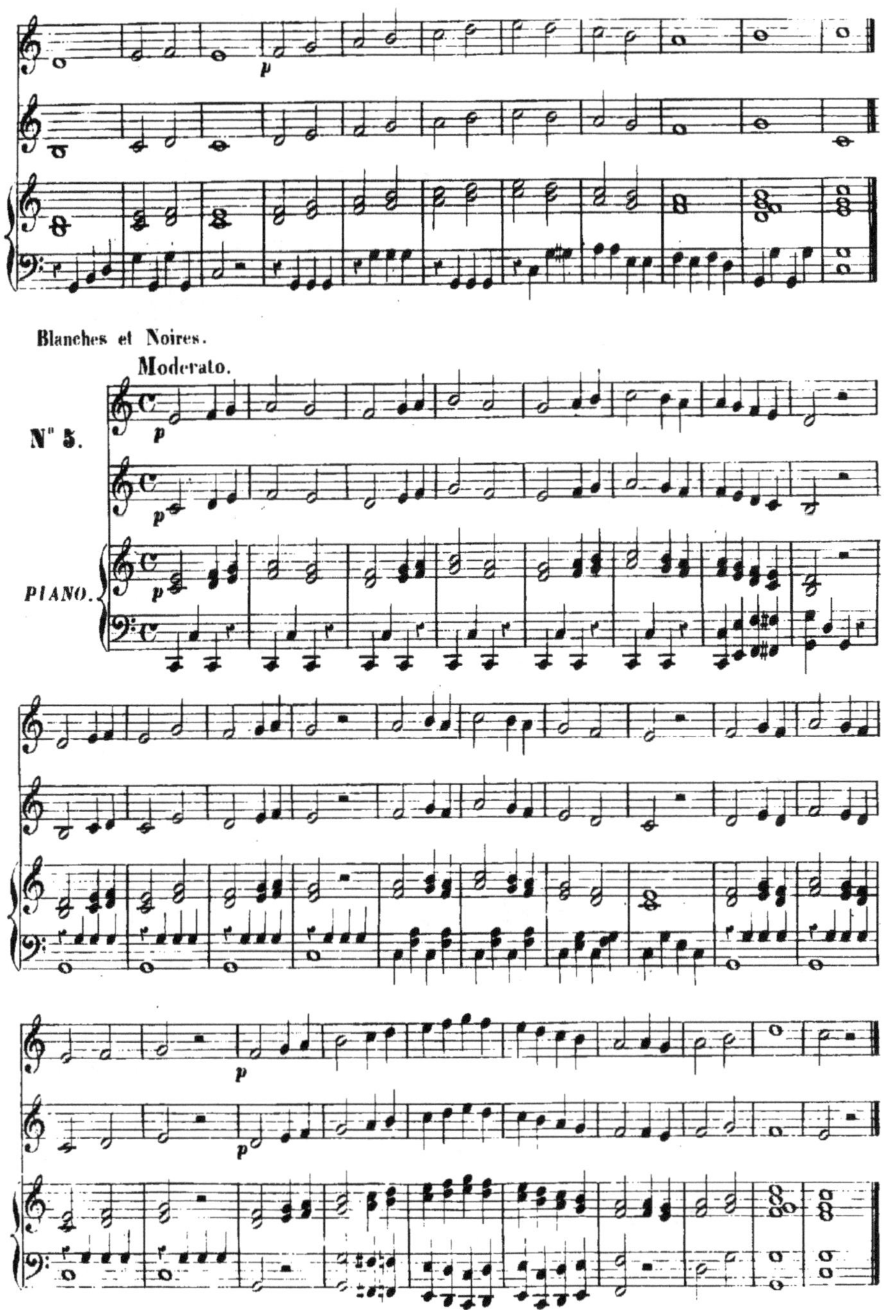
p
Blanches et Noires.
Moderato.
Nº 5.
p
p
PIANO.
p
p
p

Exercice sur le *fa* dièse, l'*ut* dièse et le bécarre. — Intonations préparatoires.

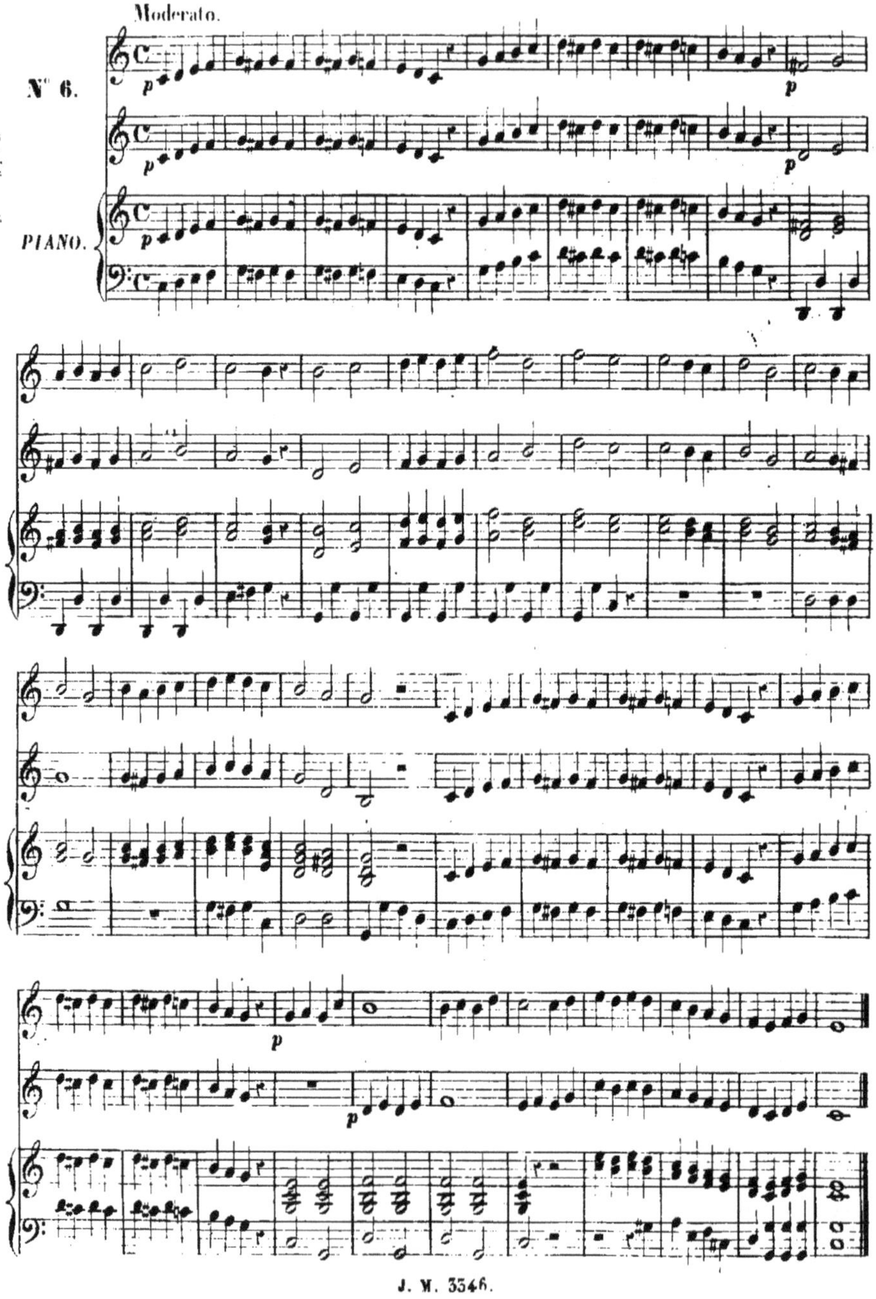

Exercice chromatique à l'unisson sur le dièse et le bécarre. — Intonations préparatoires.

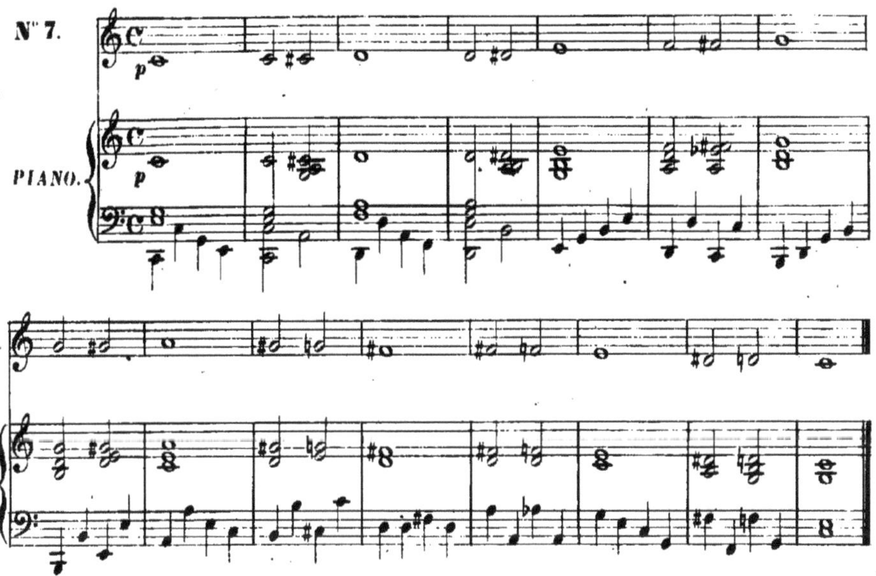

Exercice chromatique à l'unisson sur le bémol et le bécarre. — Intonations préparatoires.

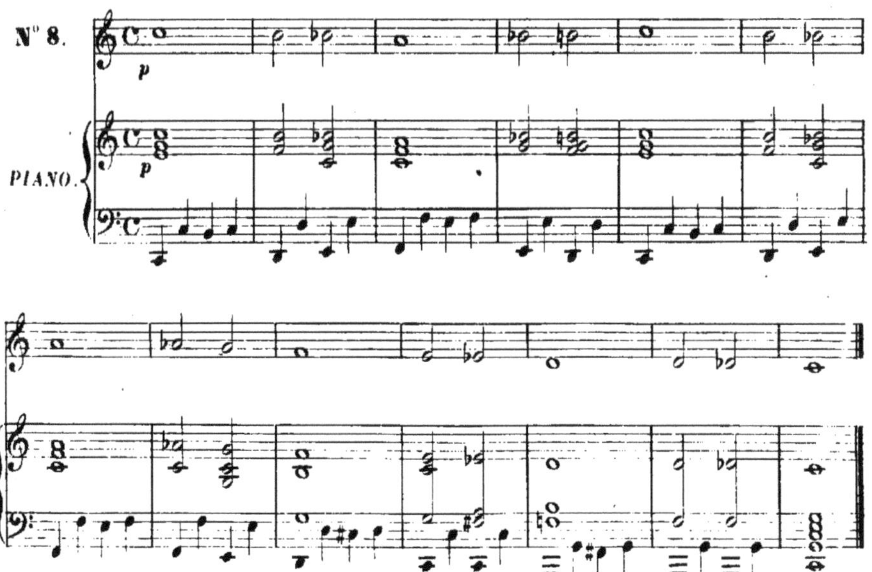

On trouvera page 107 des exercices d'Intonations qu'il faudra travailler conjointement avec les leçons suivantes.

Blanches et Noires.

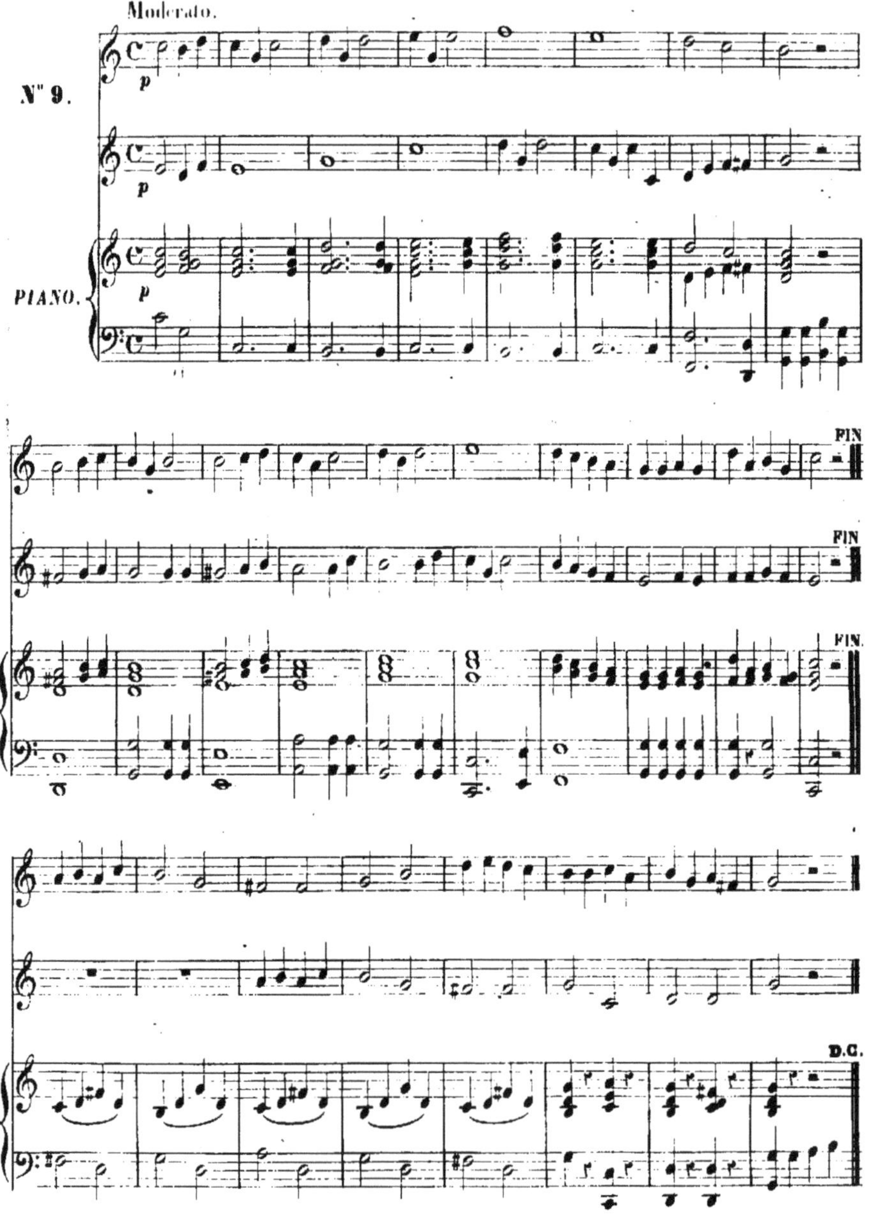

Blanches, Noires et Croches. — Deux croches pour un temps.

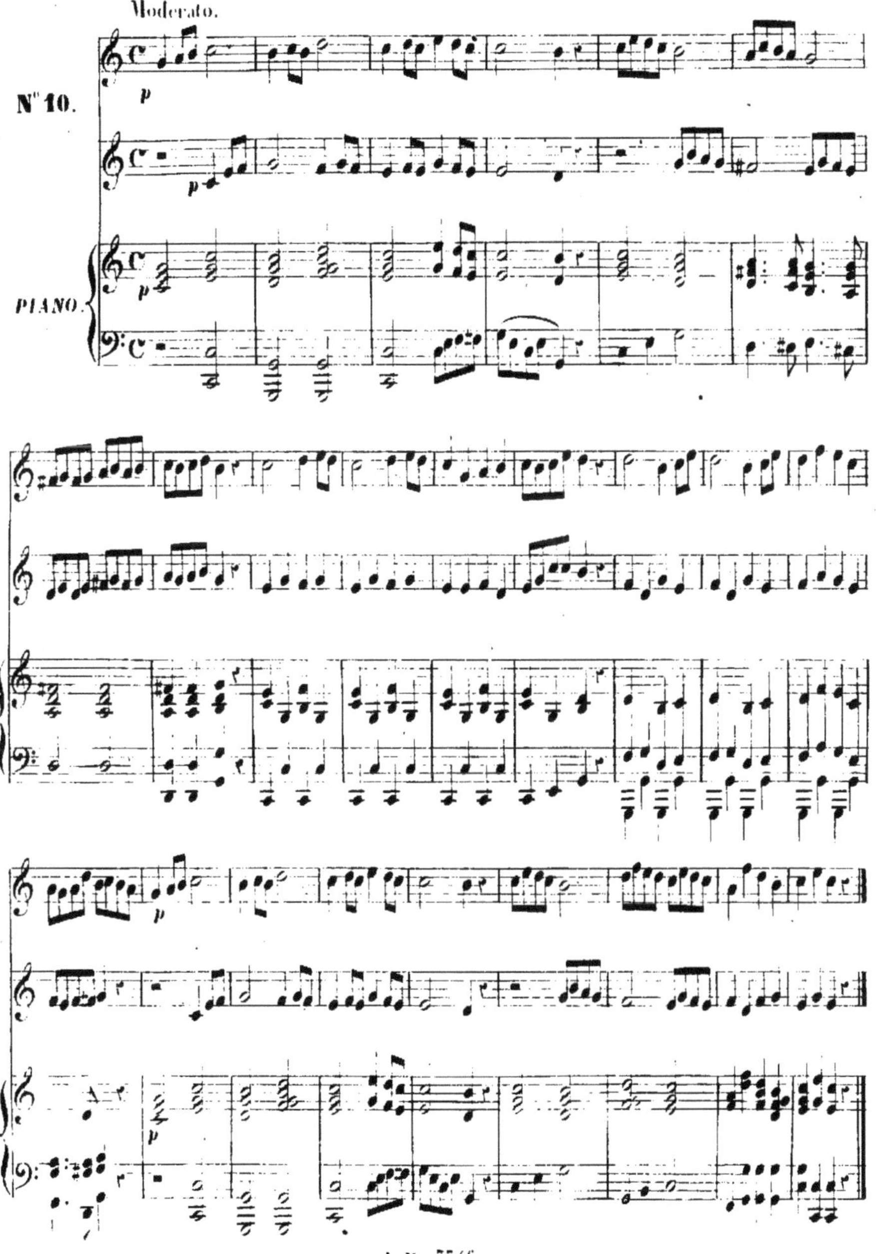

Intonations préparatoires.

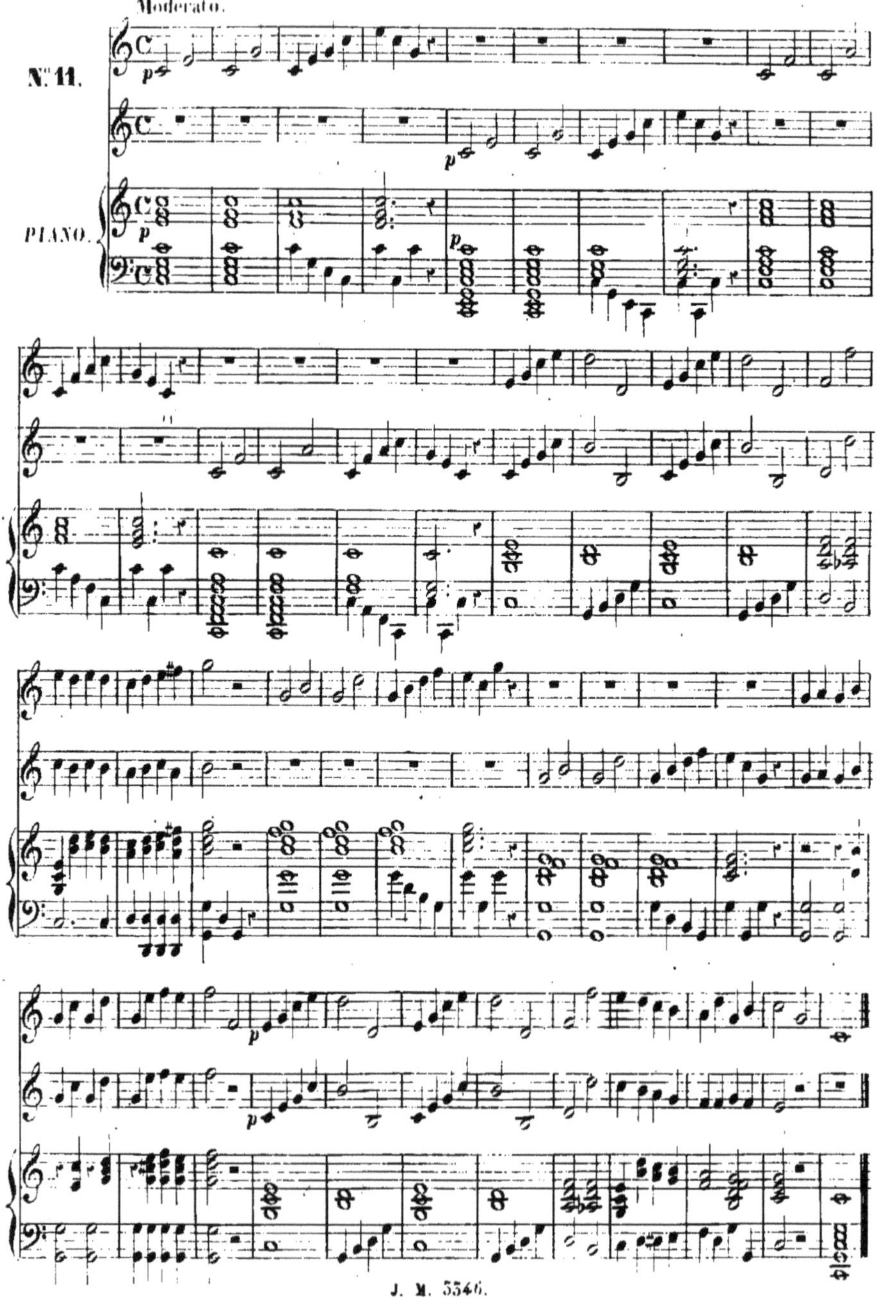

Récapitulation des silences de Pause, Demi-Pause et Soupir.

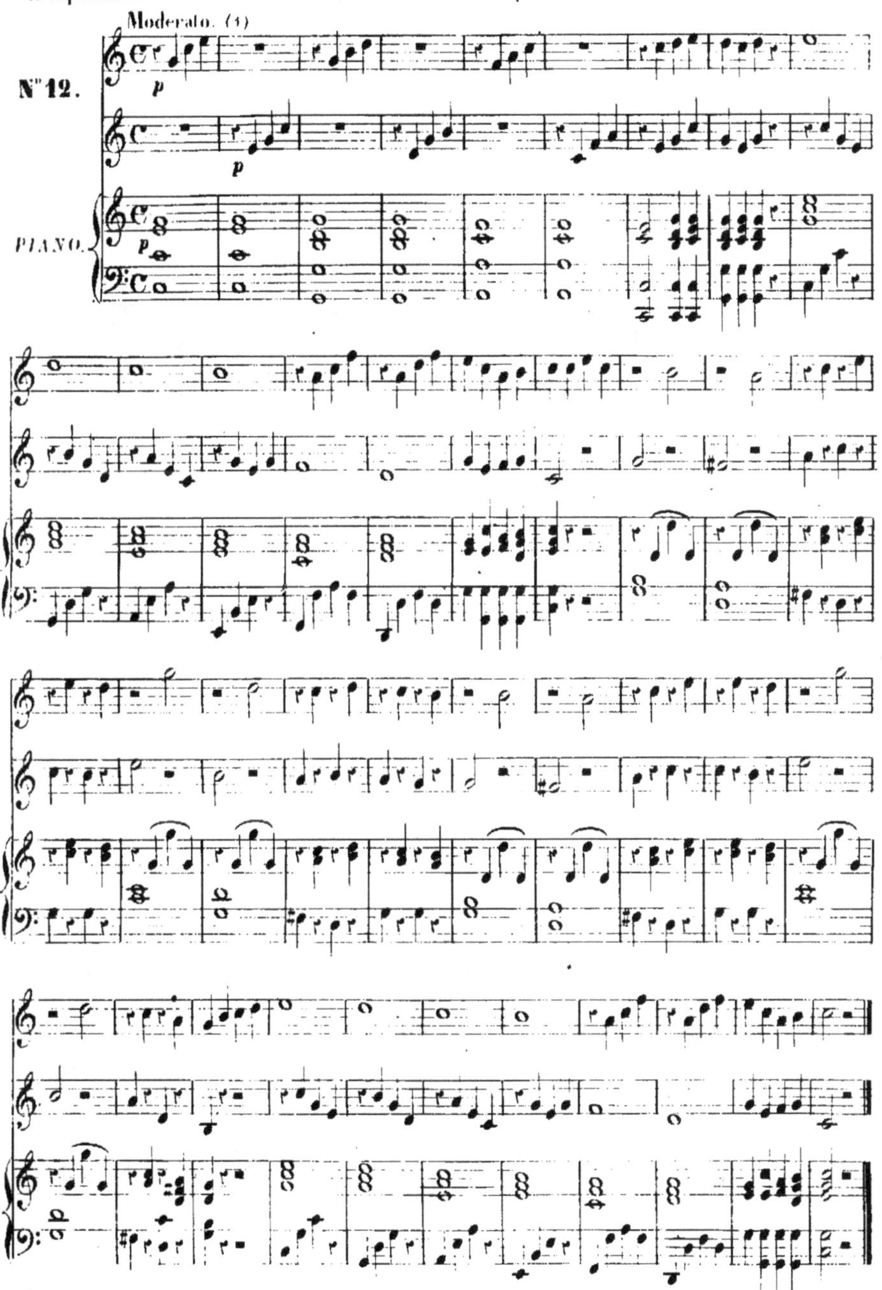

(1) Lorsqu'il y a un silence, il faut faire la plus grande attention à ne pas laisser traîner sur ce silence le son de la note qui le précède.

Croches et Demi-Soupirs. — Un Demi Soupir pour la moitié d'un temps.

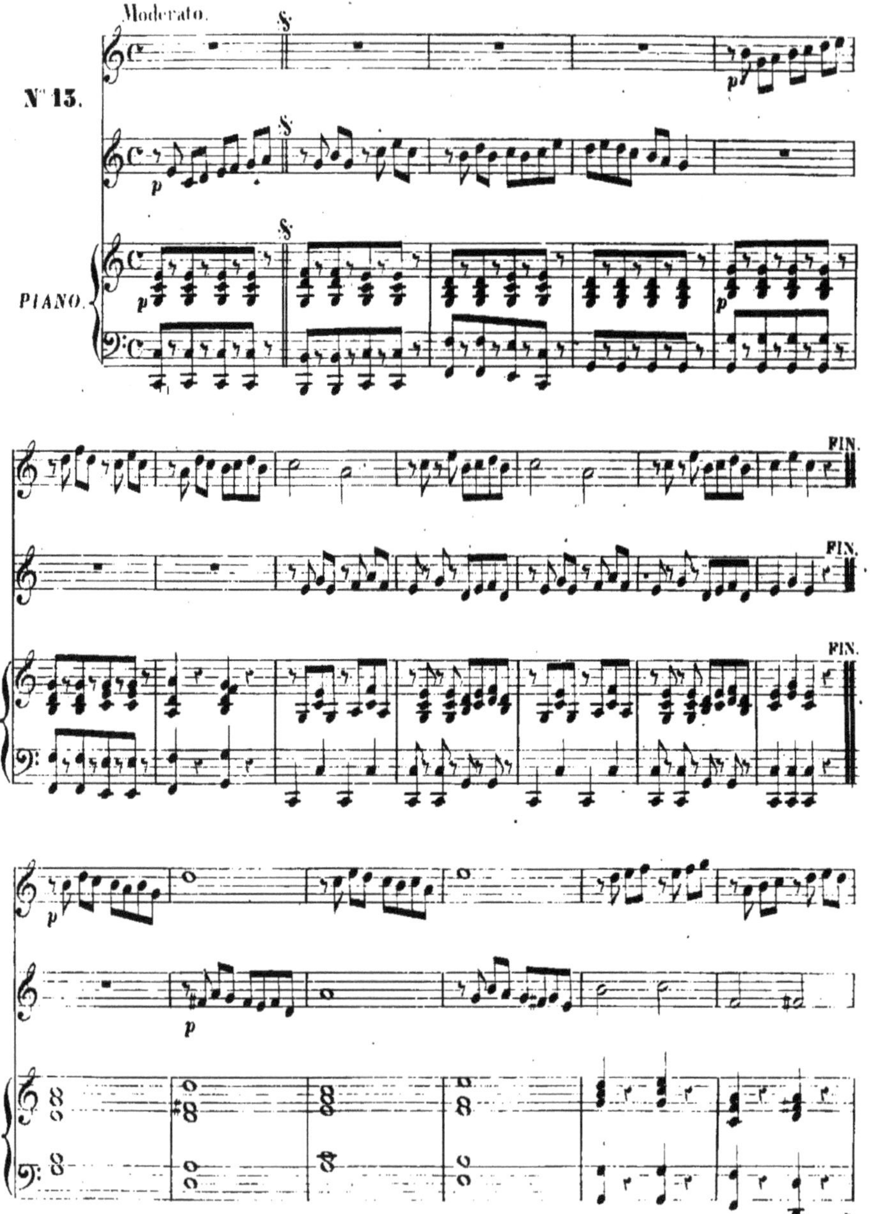

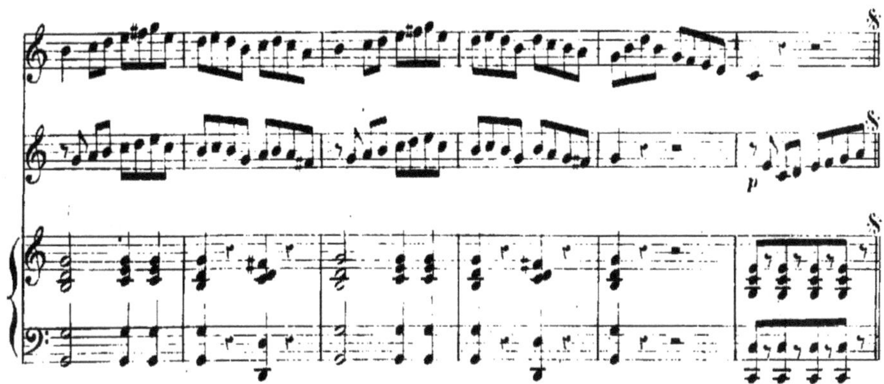

Ton de LA mineur (relatif d'*ut* majeur)

Gamme et Intonations préparatoires.

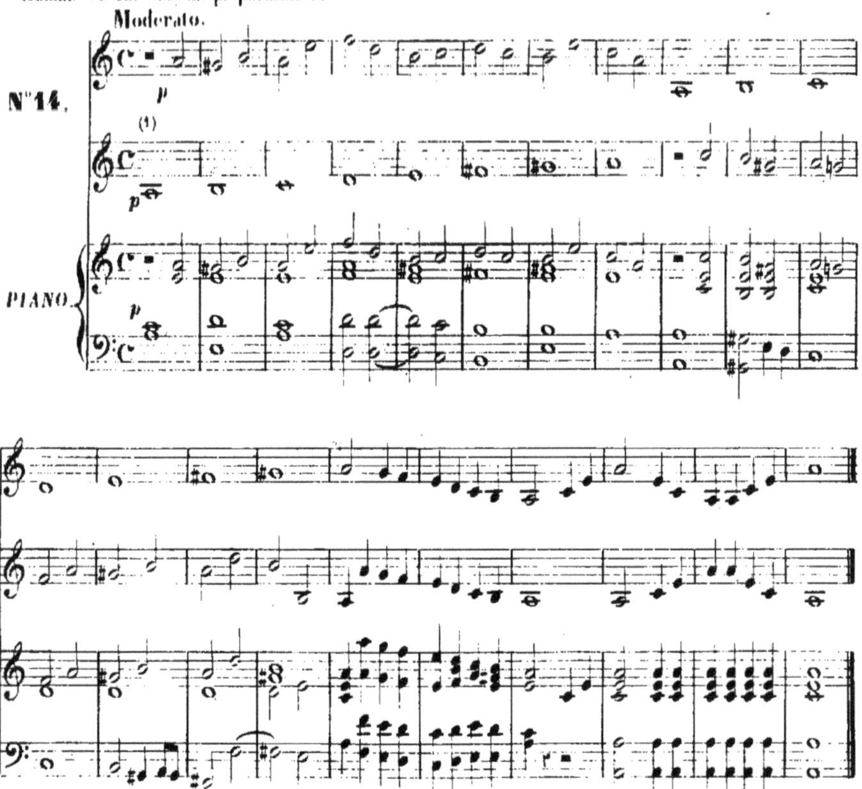

(1) Bien que ce *la* soit un peu trop bas, j'ai dû le placer ici pour donner la gamme de *la* mineur dans toute son étendue.

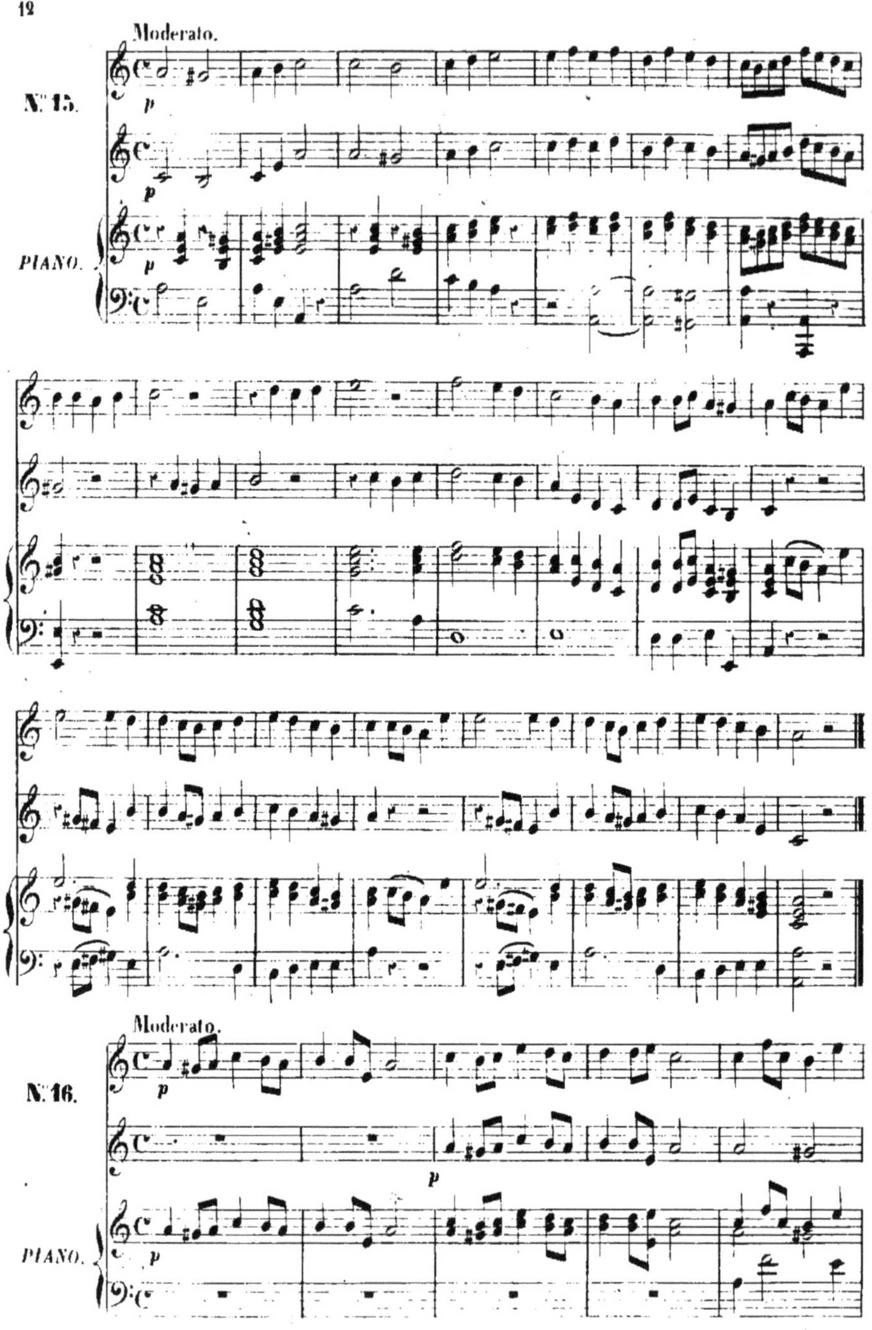
Moderato.
N° 15.
p
p
PIANO.
p
Moderato.
N° 16.
p
p
PIANO.
p

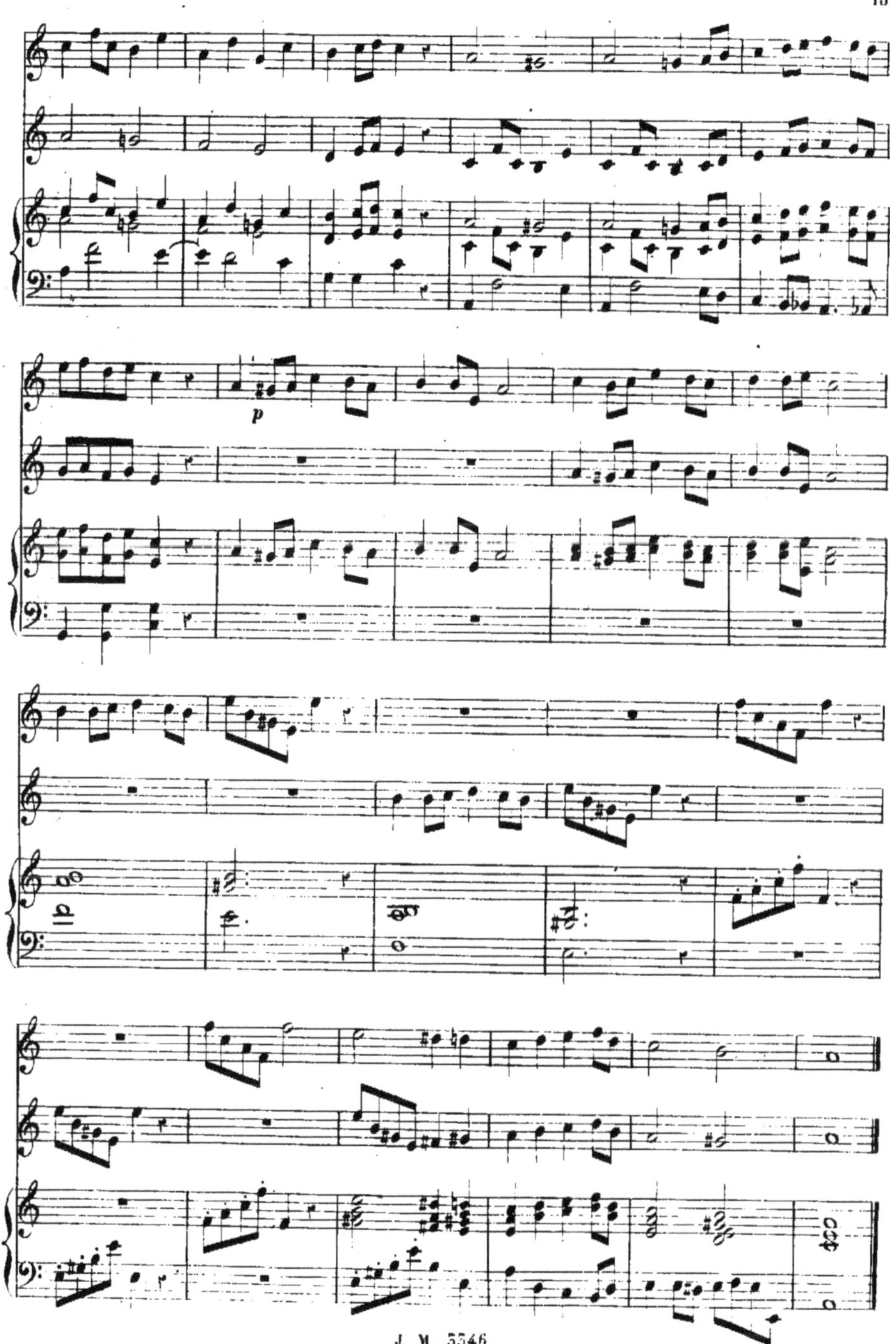
p

Notes et Silences pointés (suivis d'un point)

Une Blanche pointée pour trois temps._Une noire pointée pour un temps et demi.

Moderato.

N° 17.

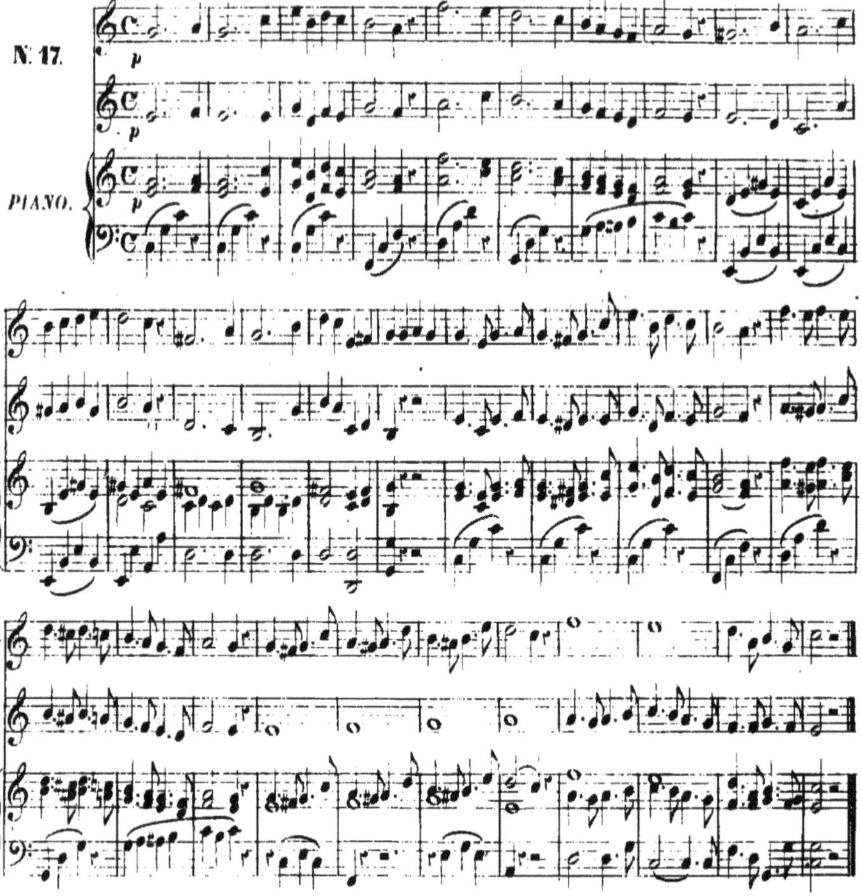

p

p

PIANO.

p

Une Croche pointée pour les trois quarts d'un temps. — Un Demi-Soupir pointé et une Double-Croche pour un temps.

Allegro Mouv^t de marche.

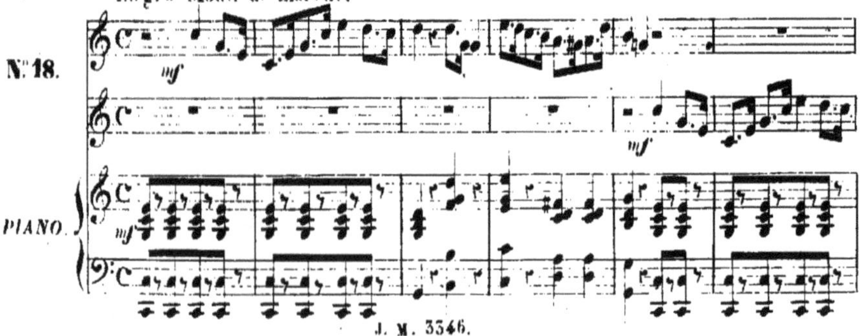

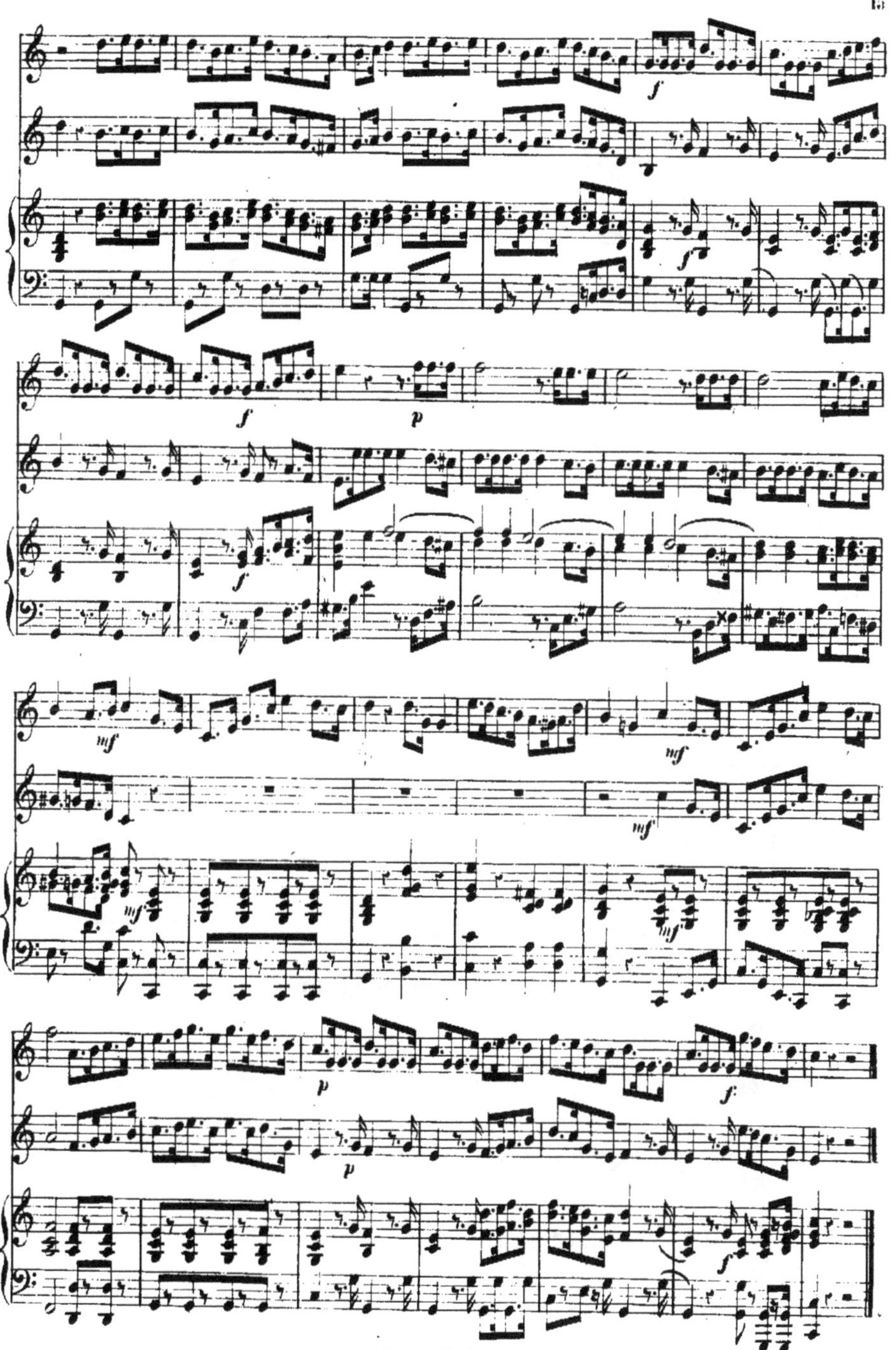
f
f
p
mf
mf
mf
mf
p
p
f
f

Liaisons et Syncopes de Blanches.

Moderato.

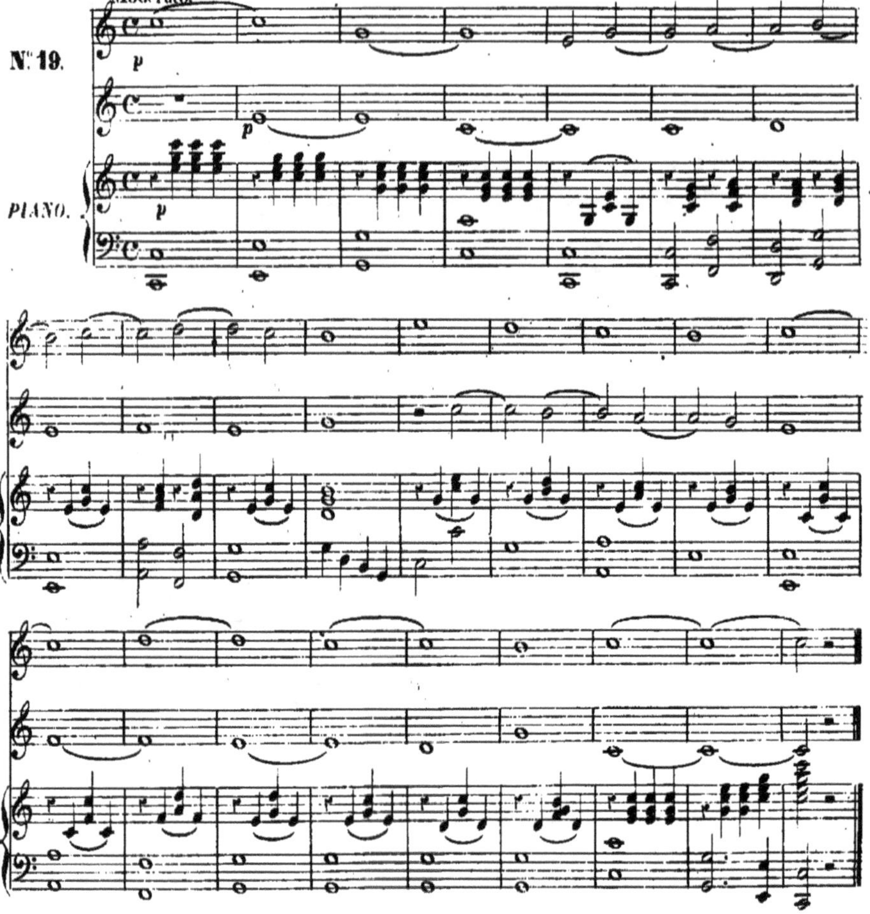

N° 19.

p

PIANO.

Ton de SOL majeur.

Gamme et Intonations préparatoires.

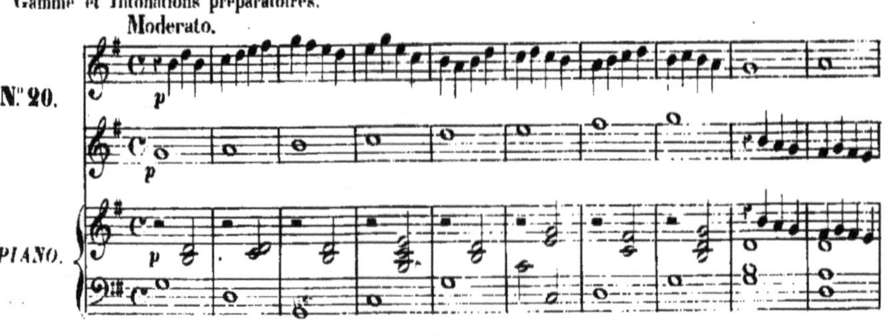

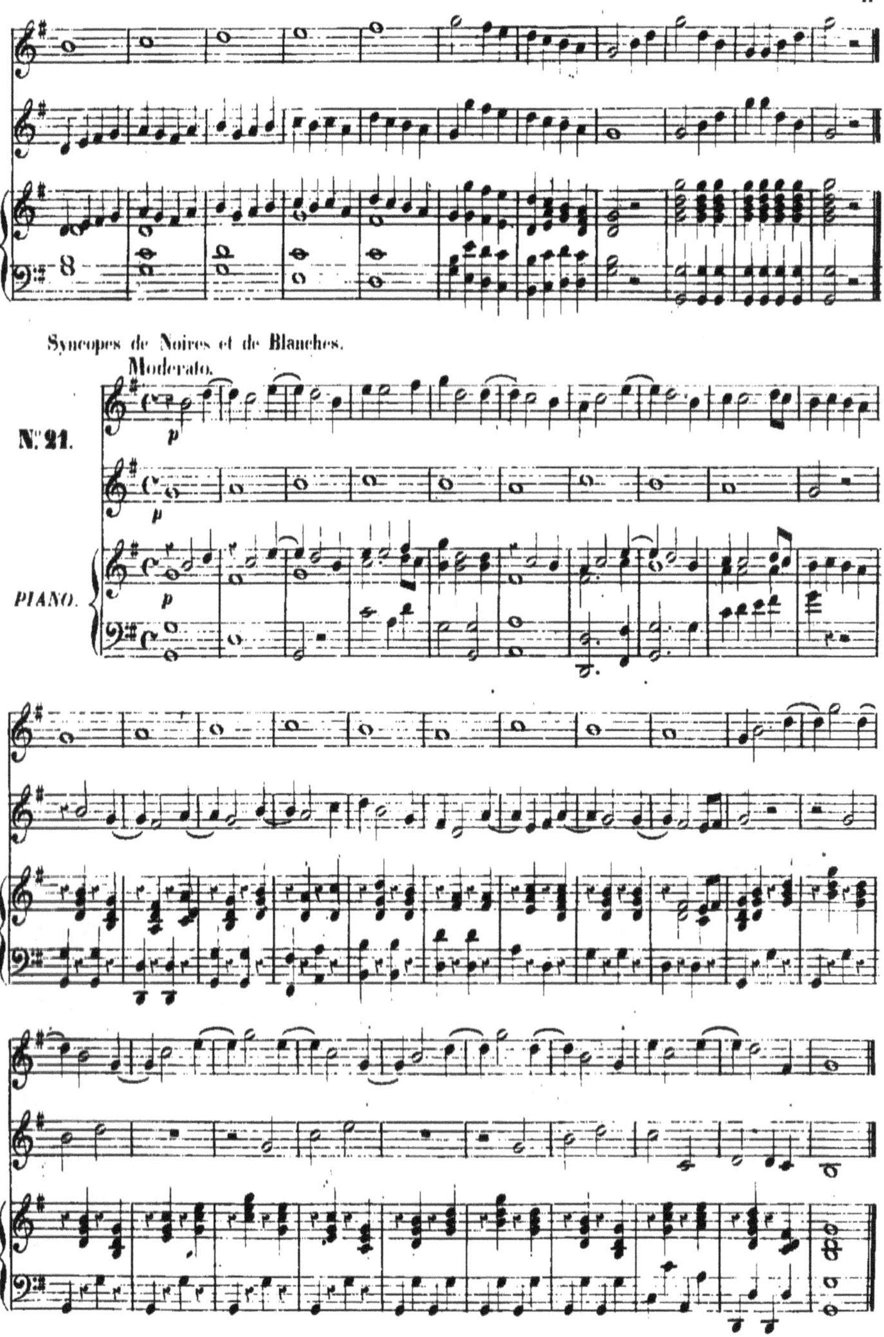
Syncopes de Noires et de Blanches.
Moderato.
N.º 21.
p
p
PIANO.
p

MESURE A DEUX TEMPS.

2
⋮
1

MESURE A DEUX QUATRE.

Une Blanche pour la mesure entière. — Une Noire ou la valeur d'une Noire pour un temps.

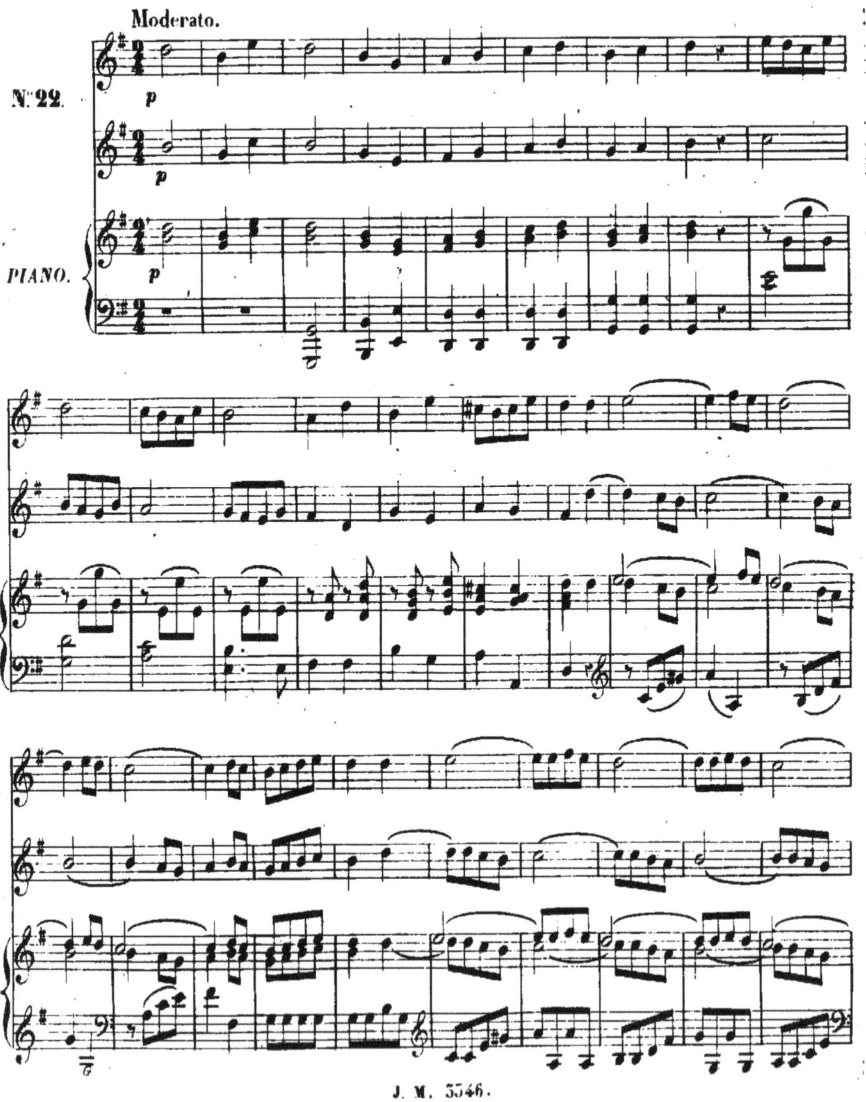

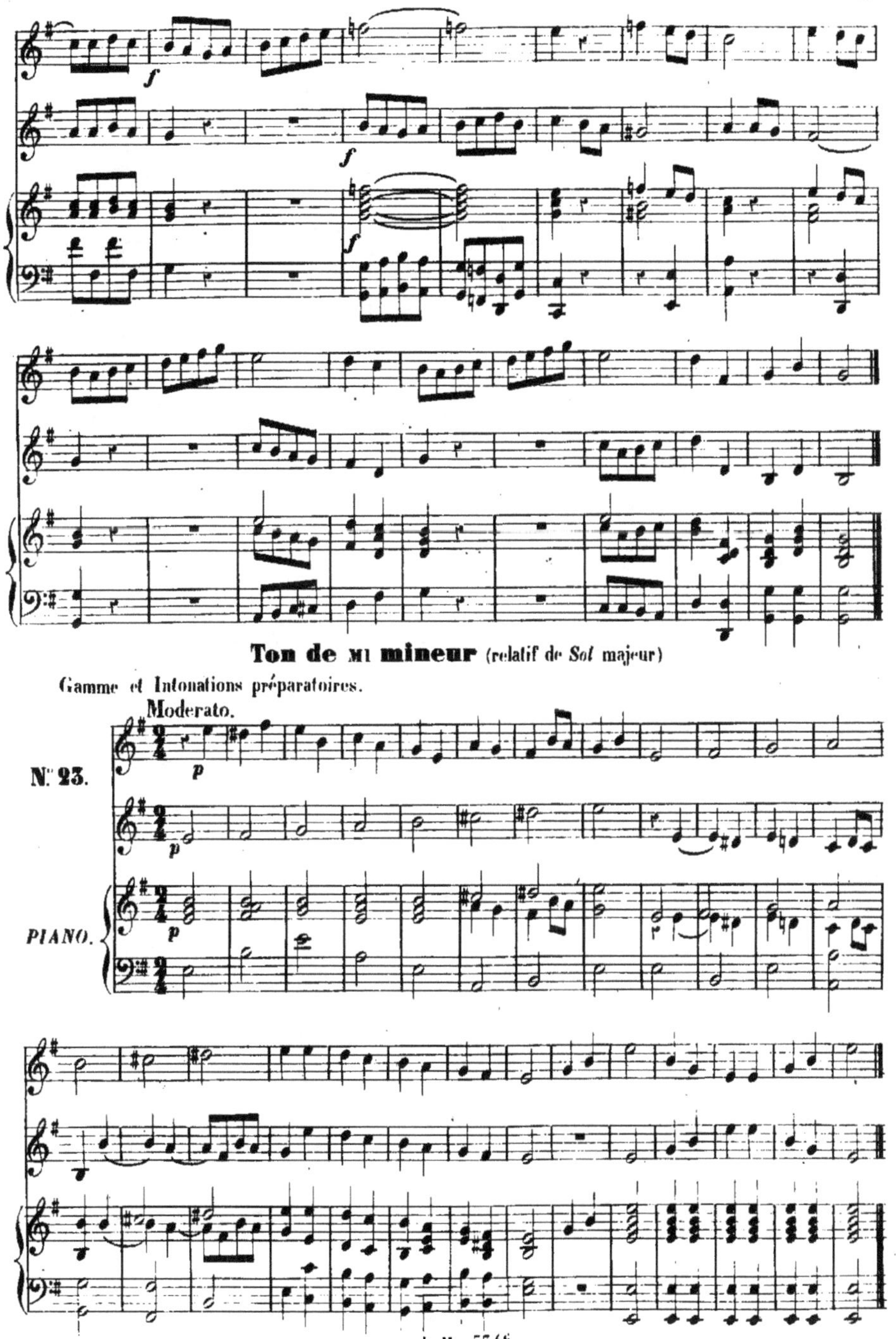

f
f
f
Ton de MI mineur (relatif de Sol majeur)
Gamme et Intonations préparatoires.
Moderato.
N° 23.
p
p
PIANO.
p

Intonations préparatoires.

N° 24.

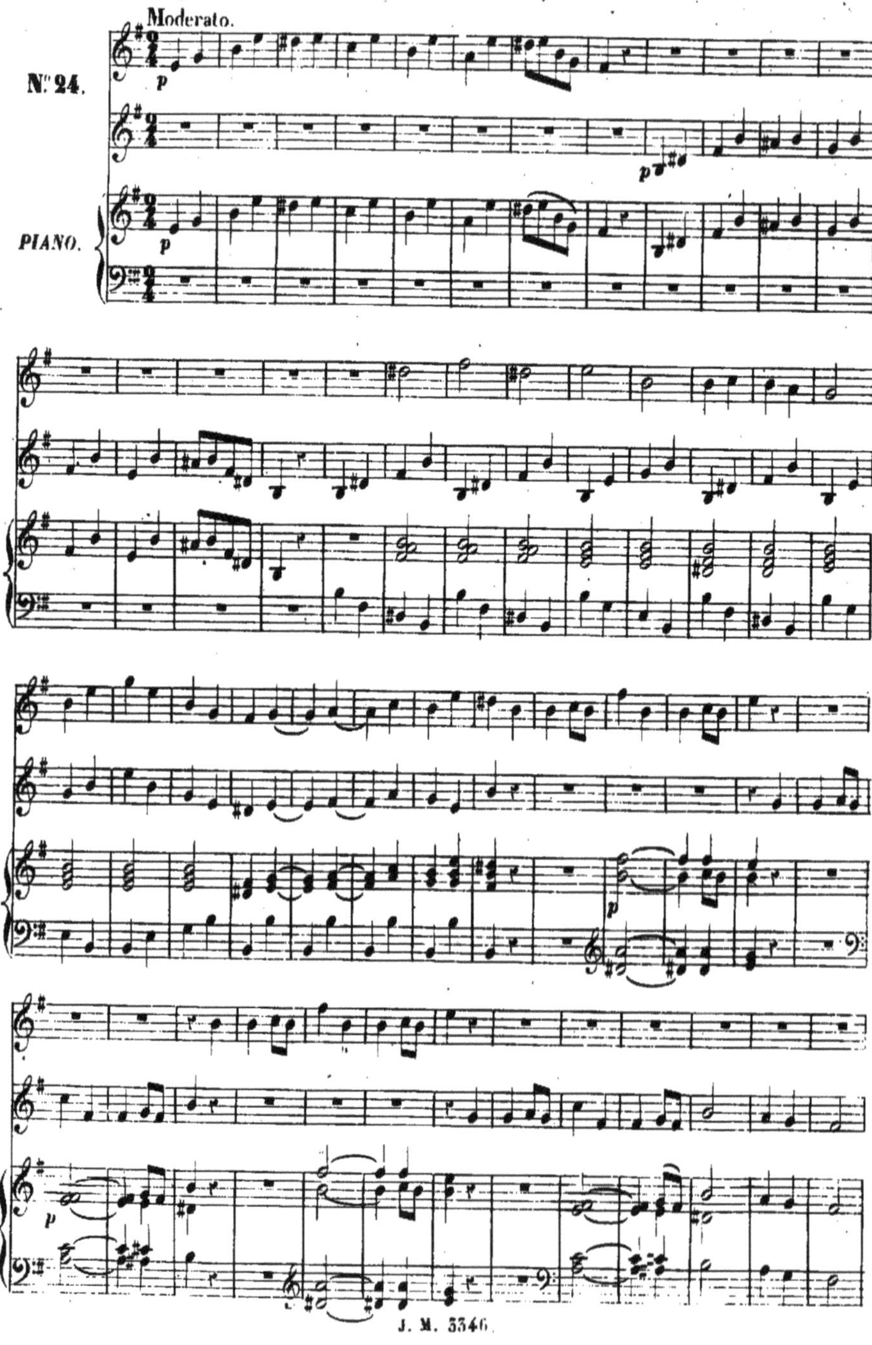

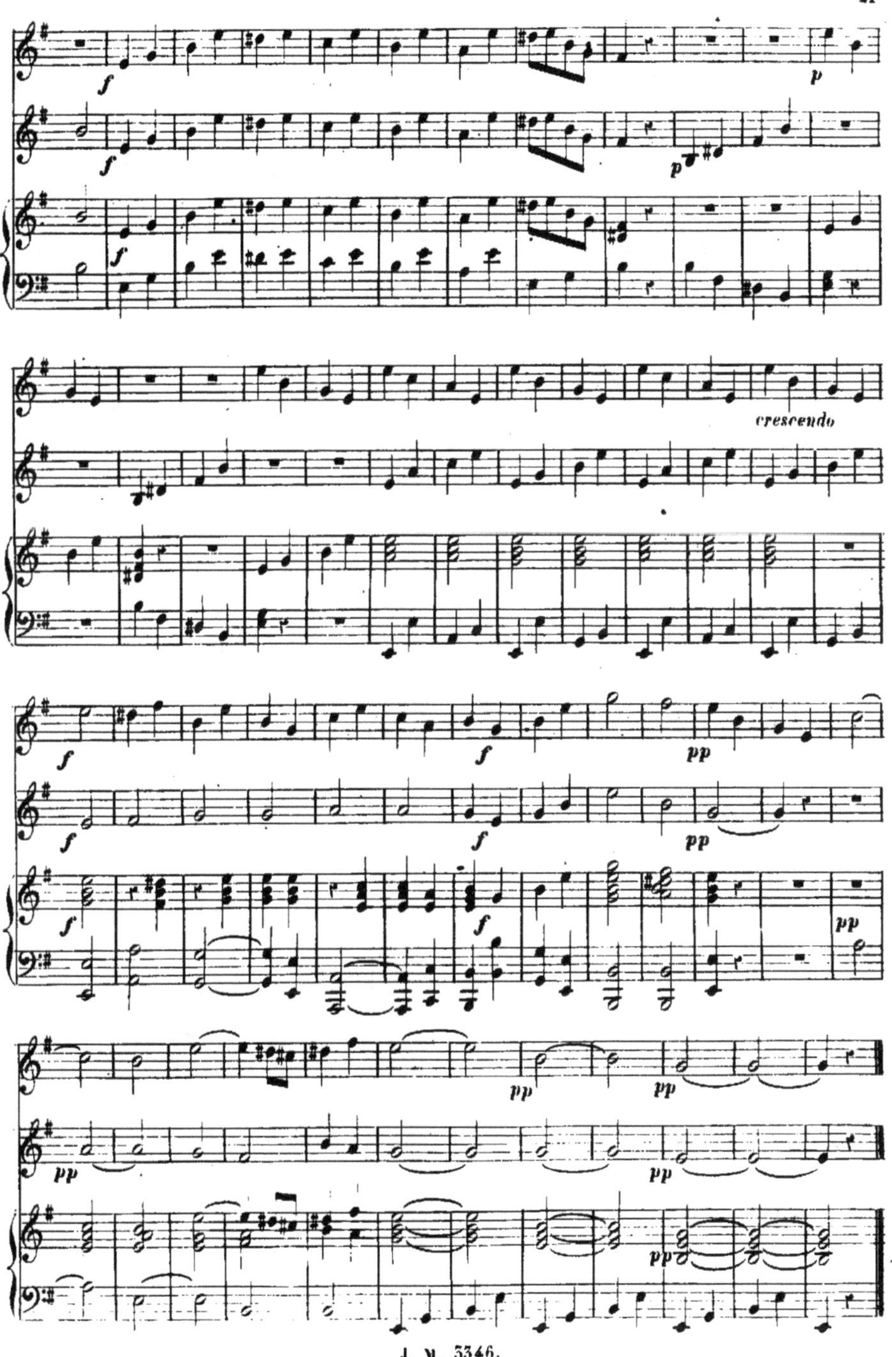
f
p
f
p
crescendo
f
f
pp
f
f
pp
f
pp
pp
pp
pp
pp
pp
pp

Doubles-Croches.—Quatre Doubles-Croches pour un temps.

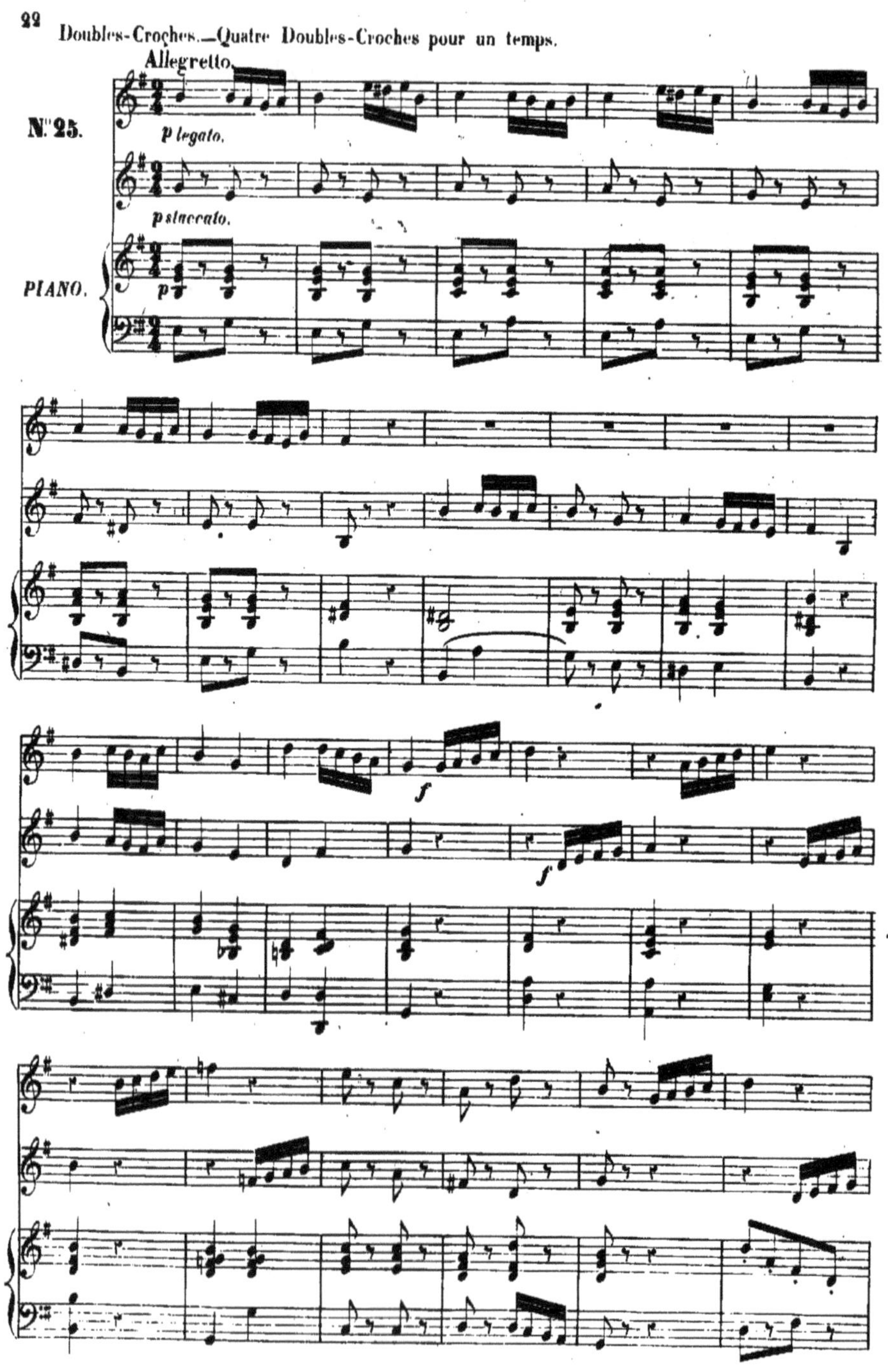

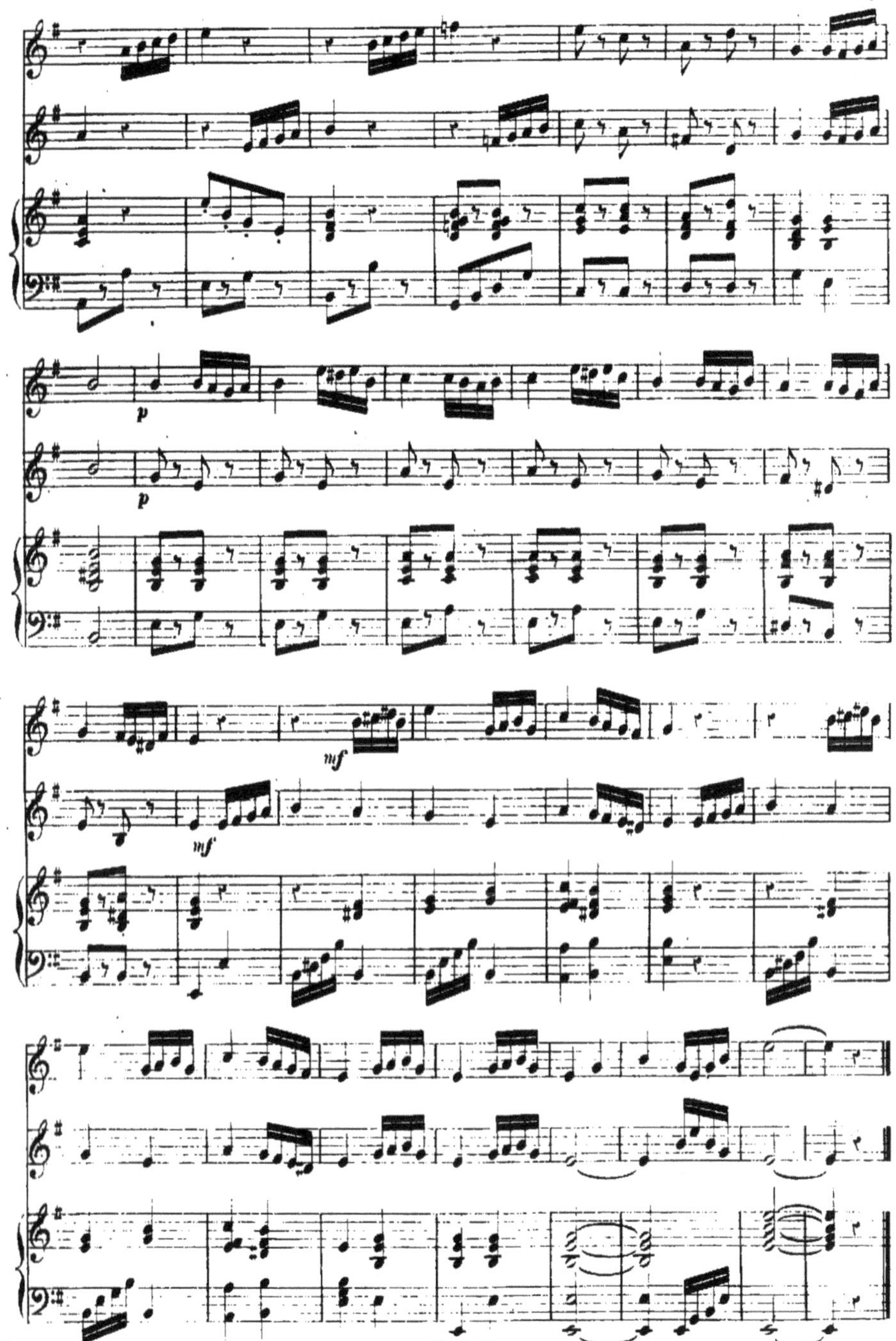
p
p
mf
mf

Silence de Soupir et de Demi-Soupir.—Un Soupir pour un temps; un Demi-Soupir pour la moitié d'un temps.

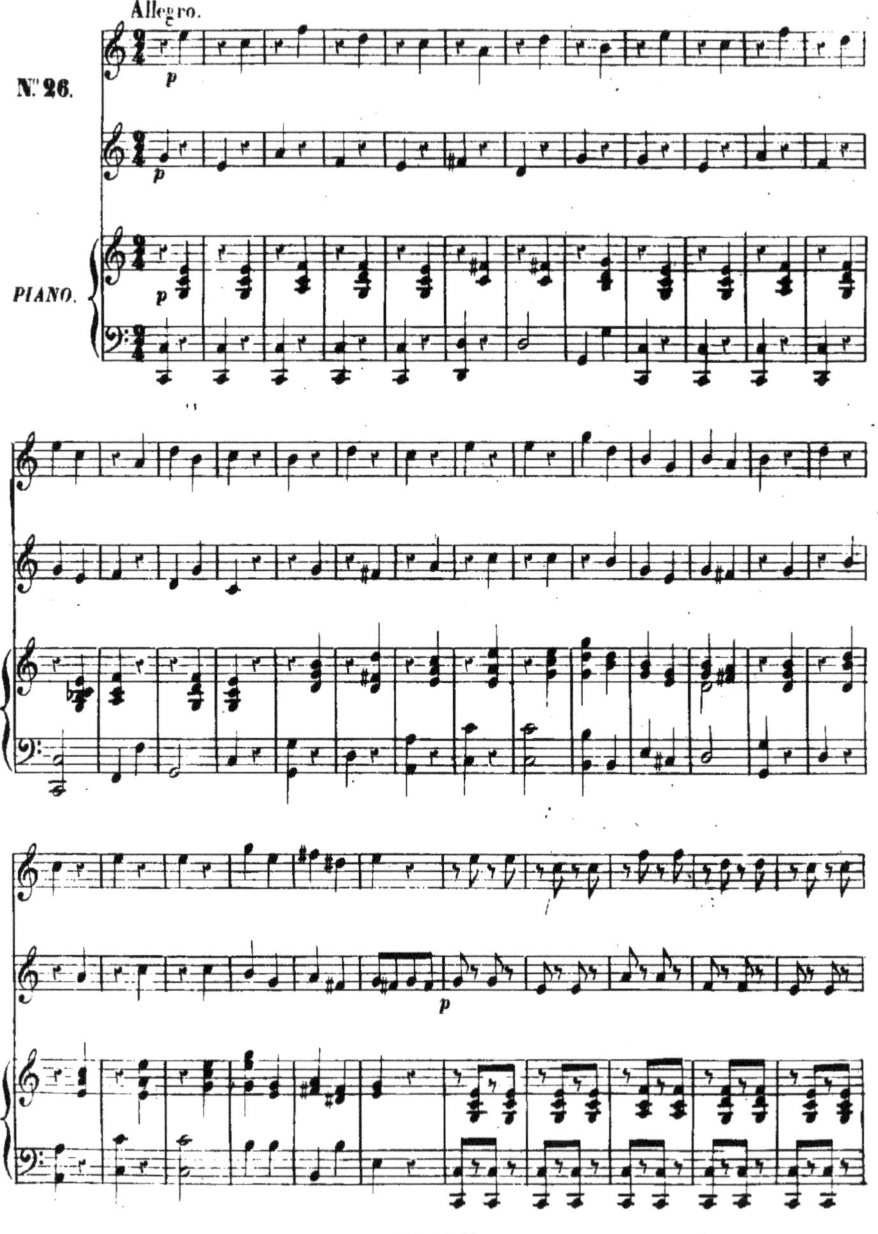

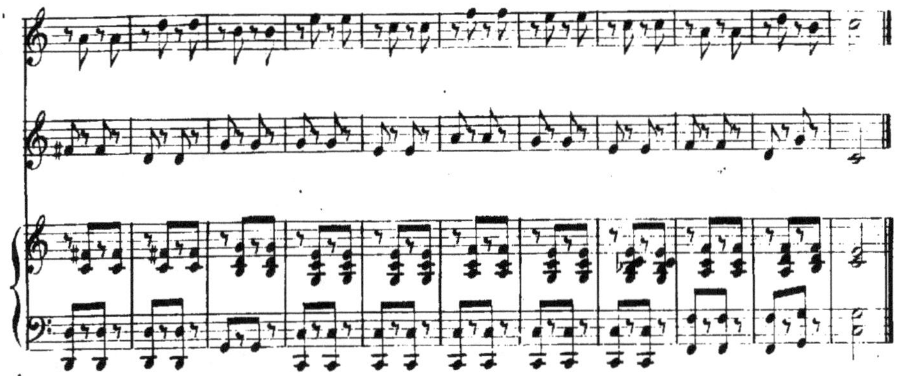

Ton de FA majeur.

Gamme et Intonations préparatoires.

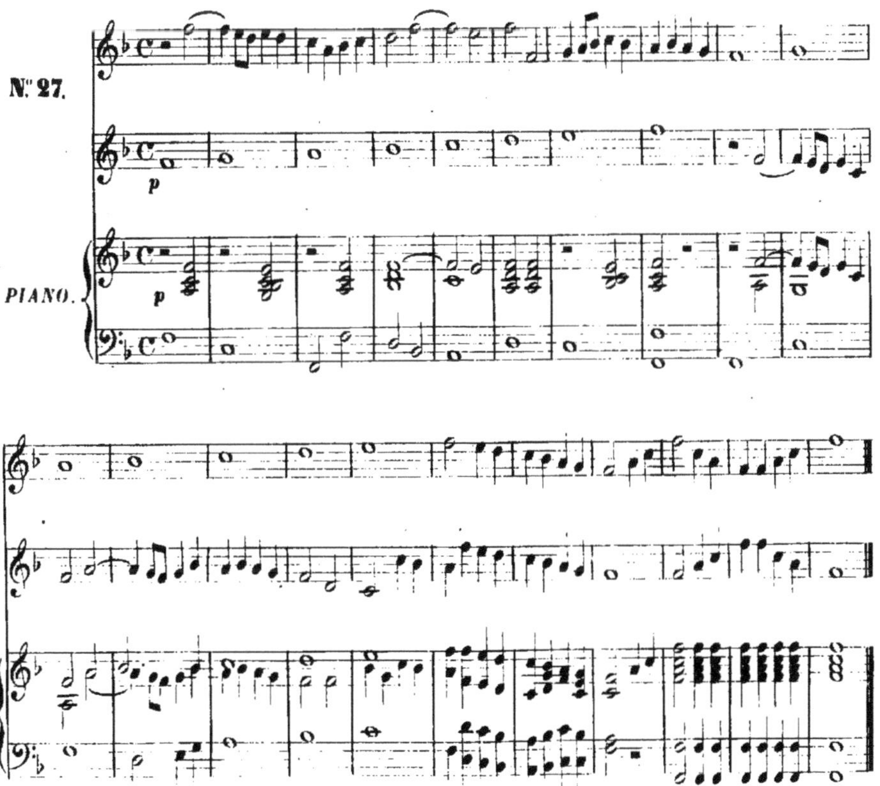

TRIOLET.

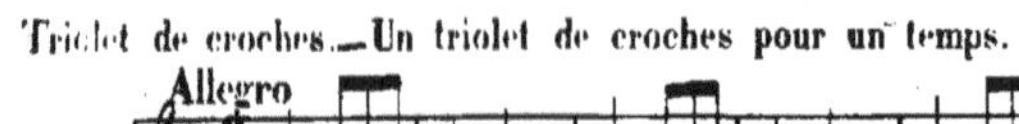

Triolet de croches.— Un triolet de croches pour un temps.

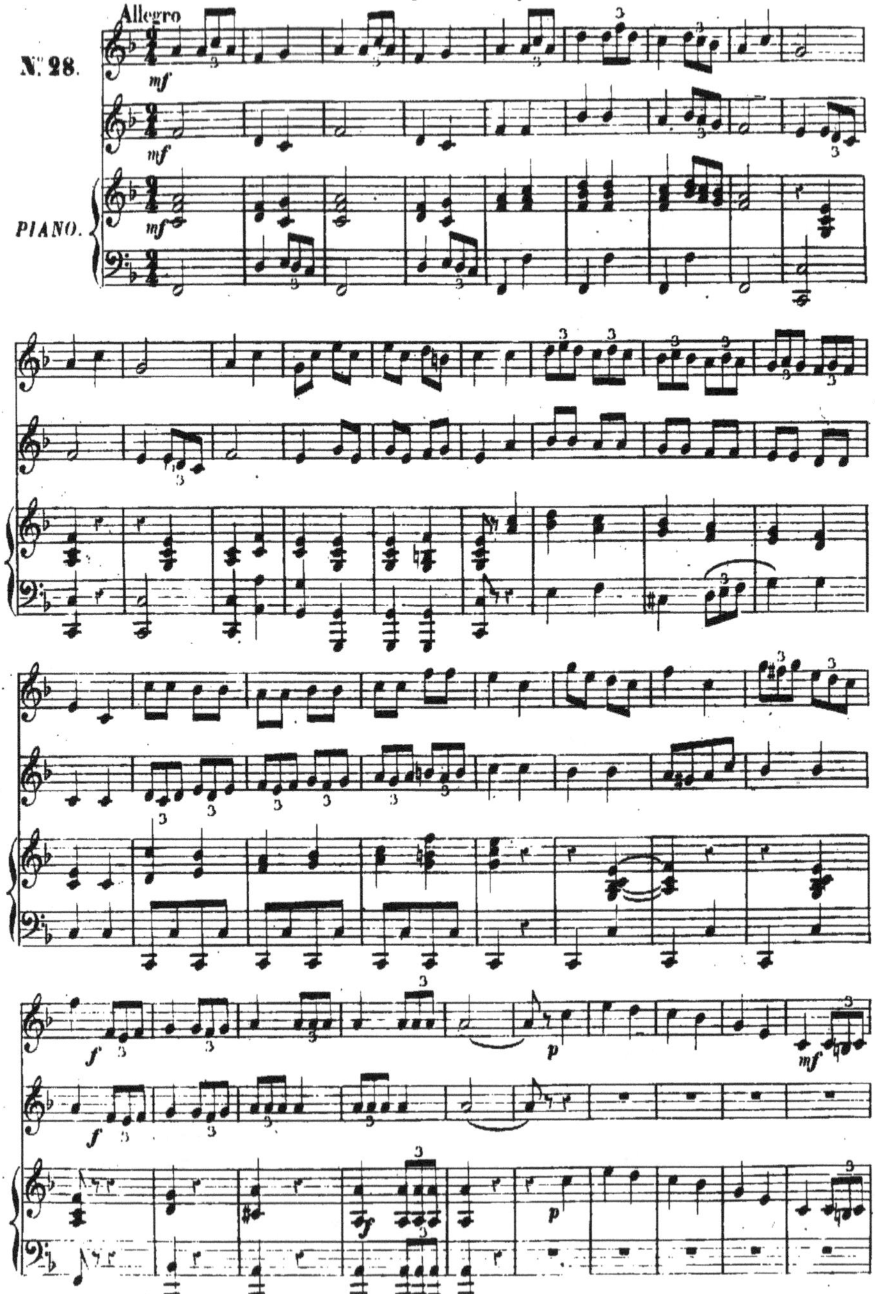

Allegro

N°. 28.

mf

mf

PIANO.

mf

f

p

mf

f

f

p

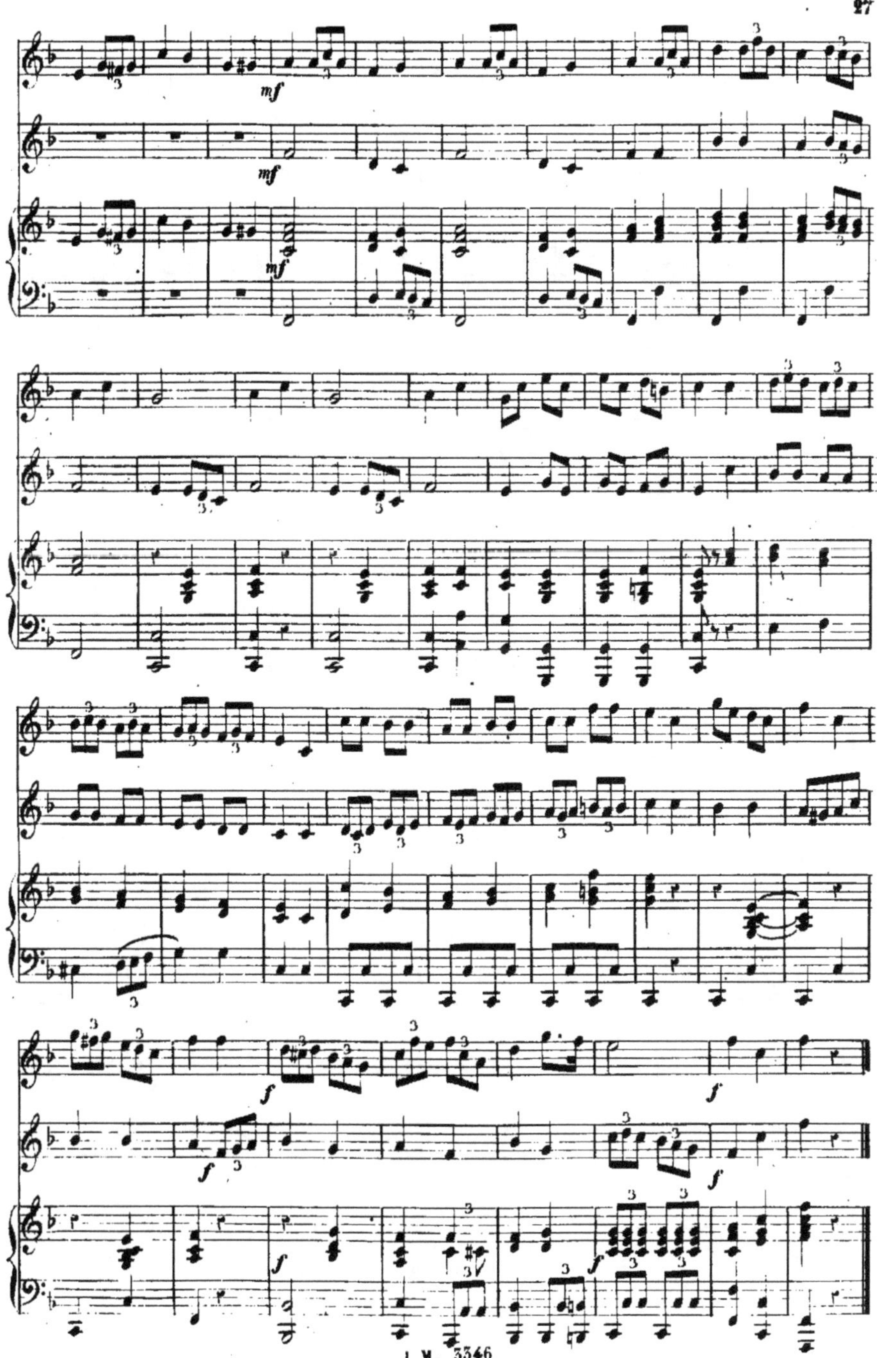
mf
mf
mf
f
f
f
f
f

Un Triolet de Croches pour un temps de la mesure à quatre temps._Quatre Doubles-Croches pour un temps.

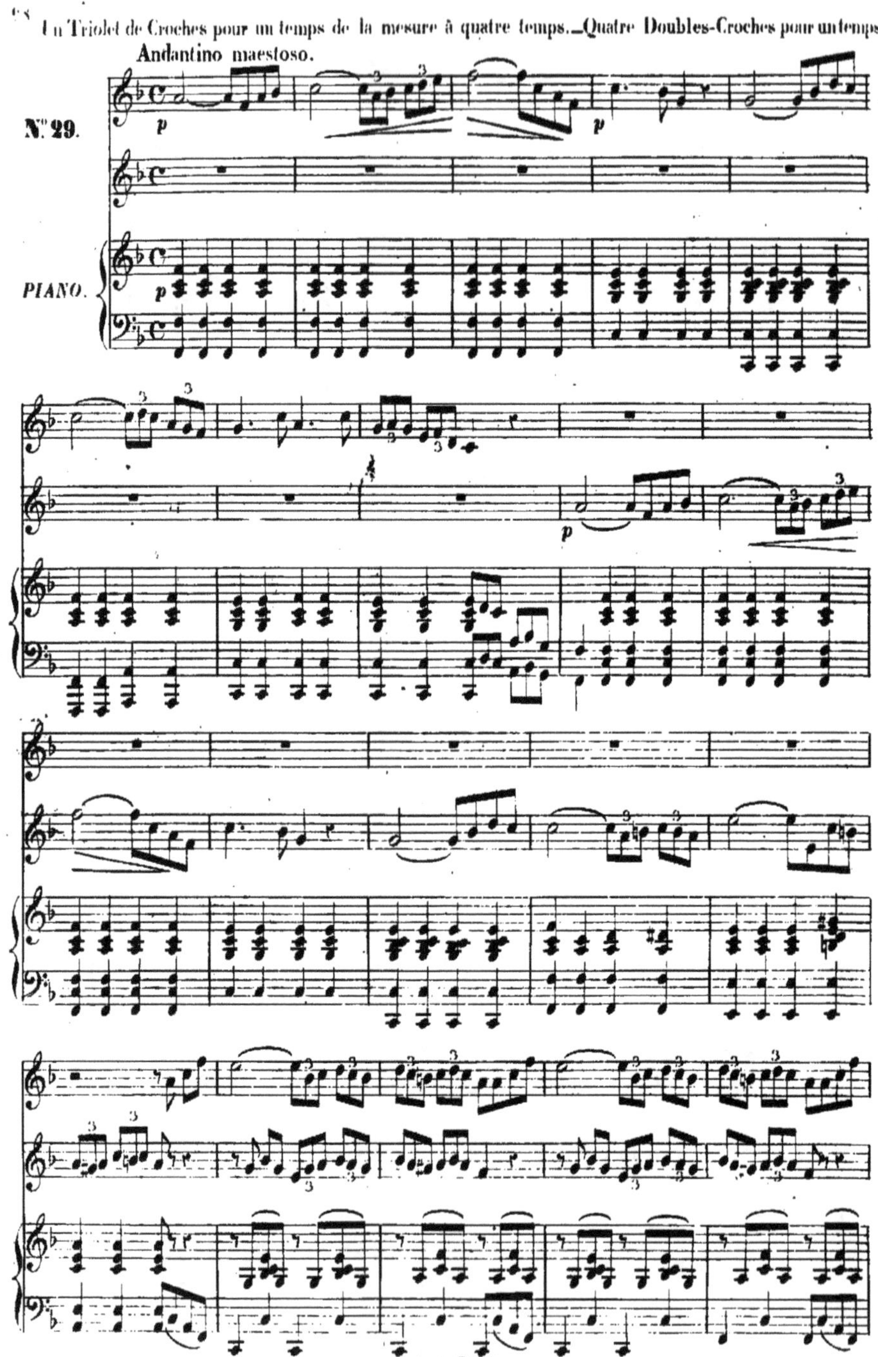

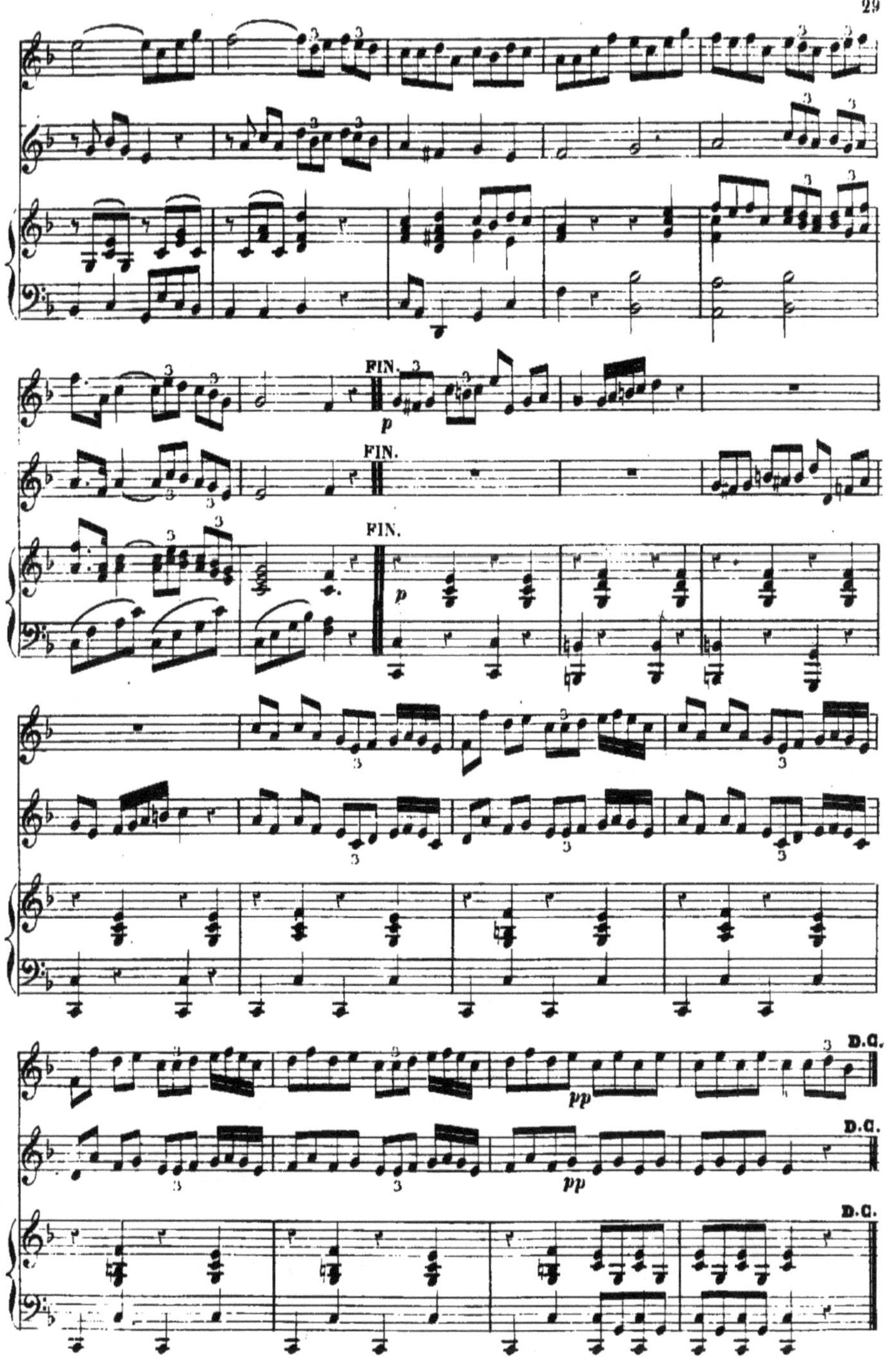
FIN.
p
FIN.
FIN.
p
pp
pp
D.C.
D.C.
D.C.

Récapitulation en mesure à quatre temps des valeurs de Notes et de Silences étudiées précédemment.

AIR VARIÉ.

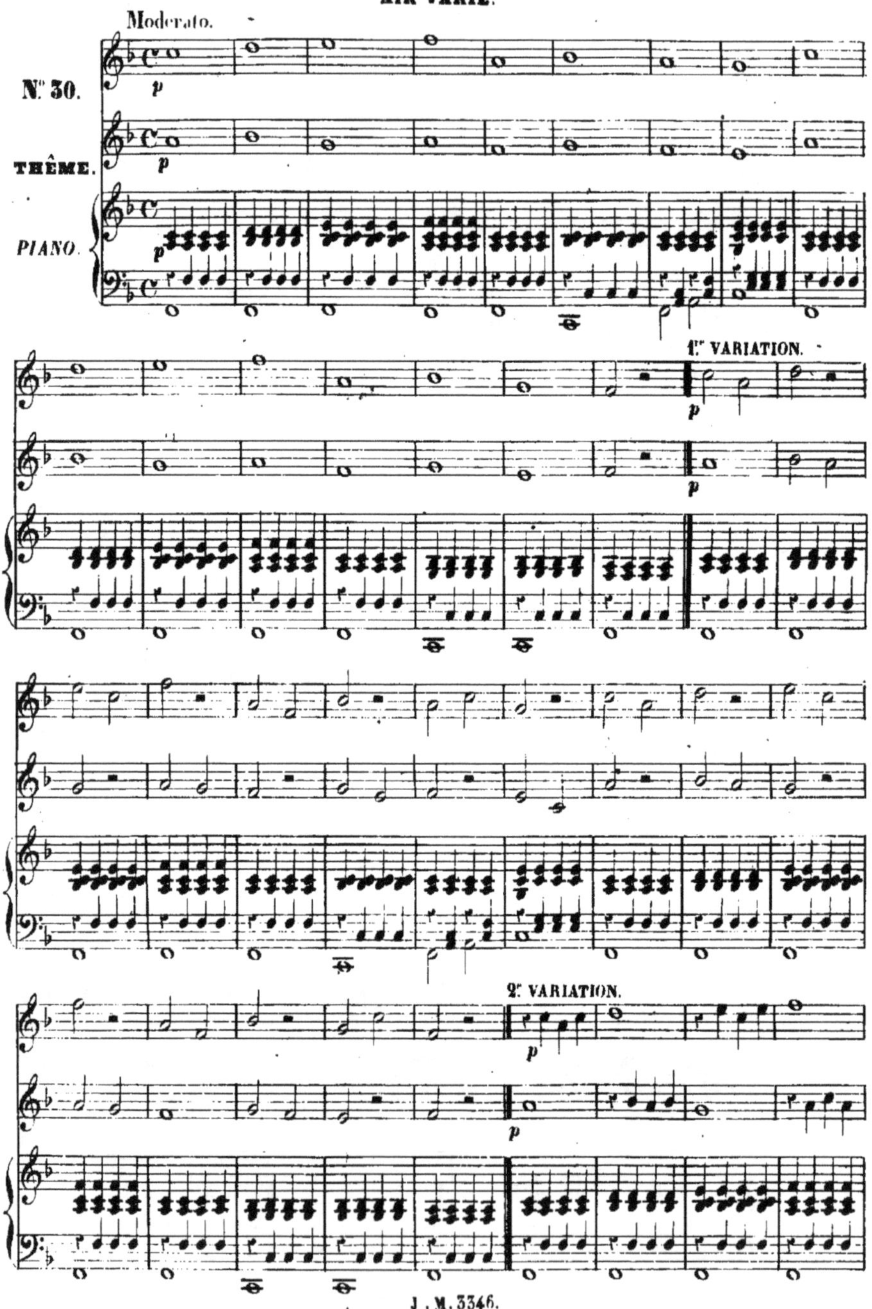

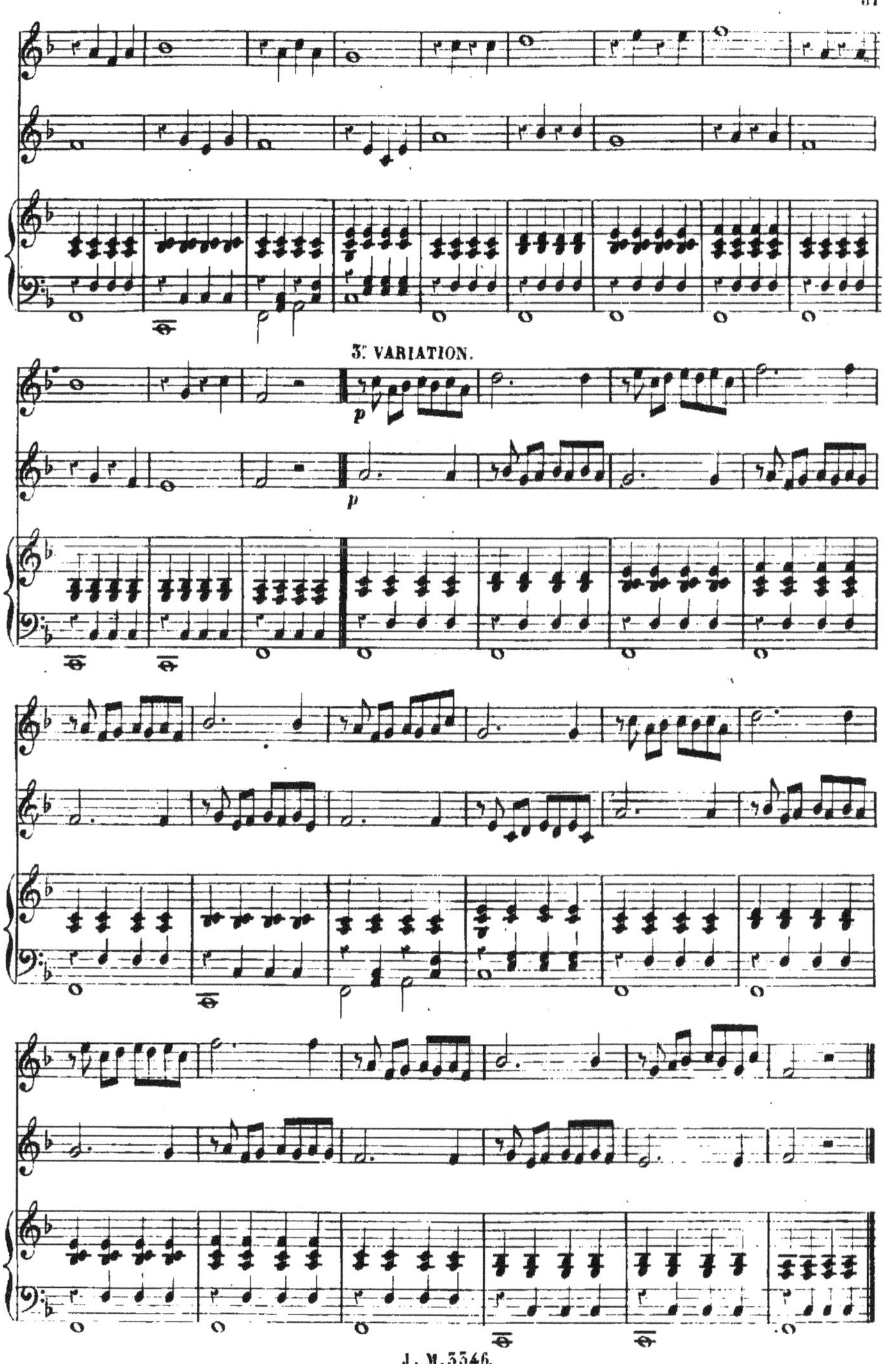
3e VARIATION.
p
p

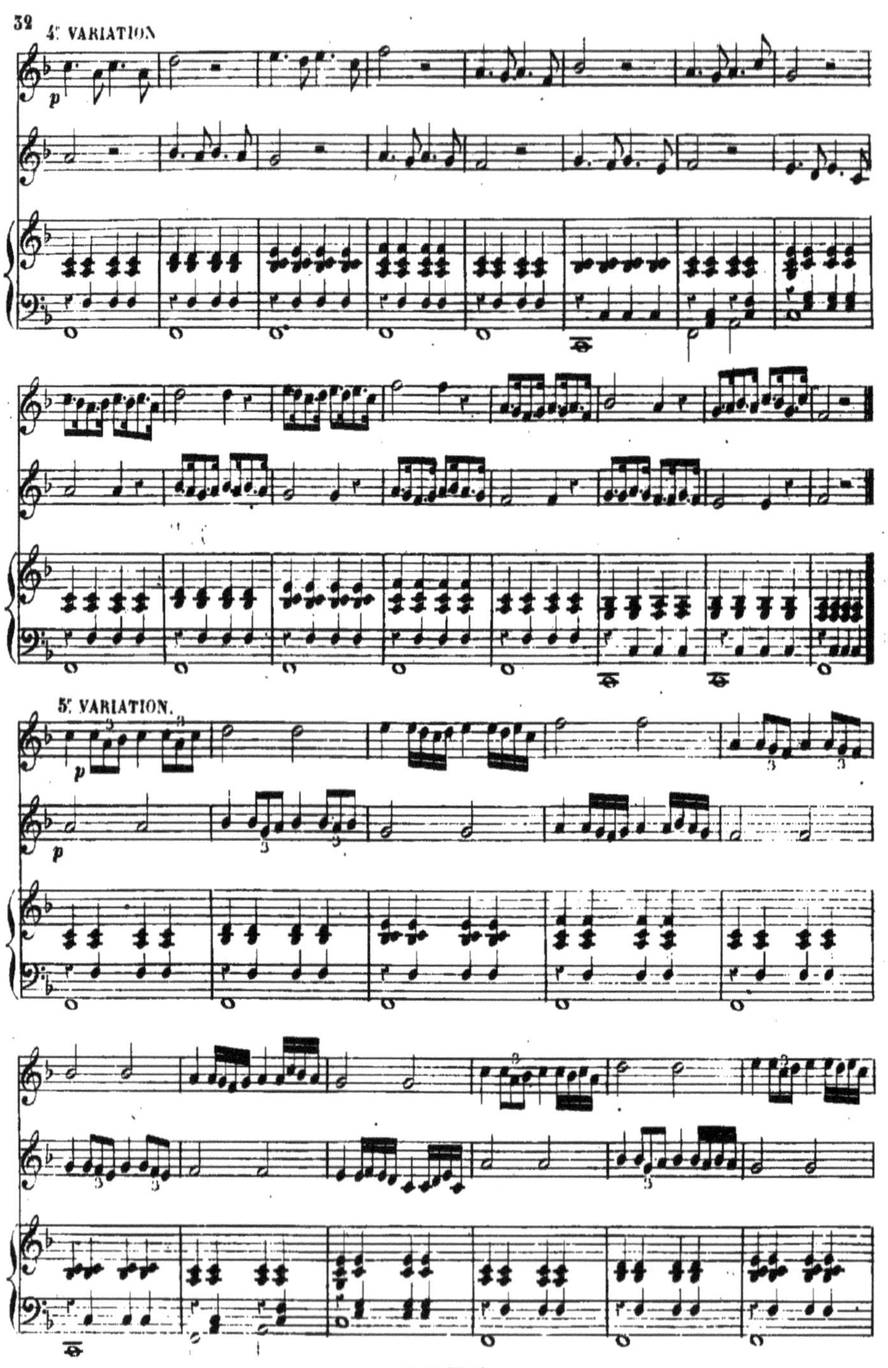
4e VARIATION
p
5e VARIATION.
p
p

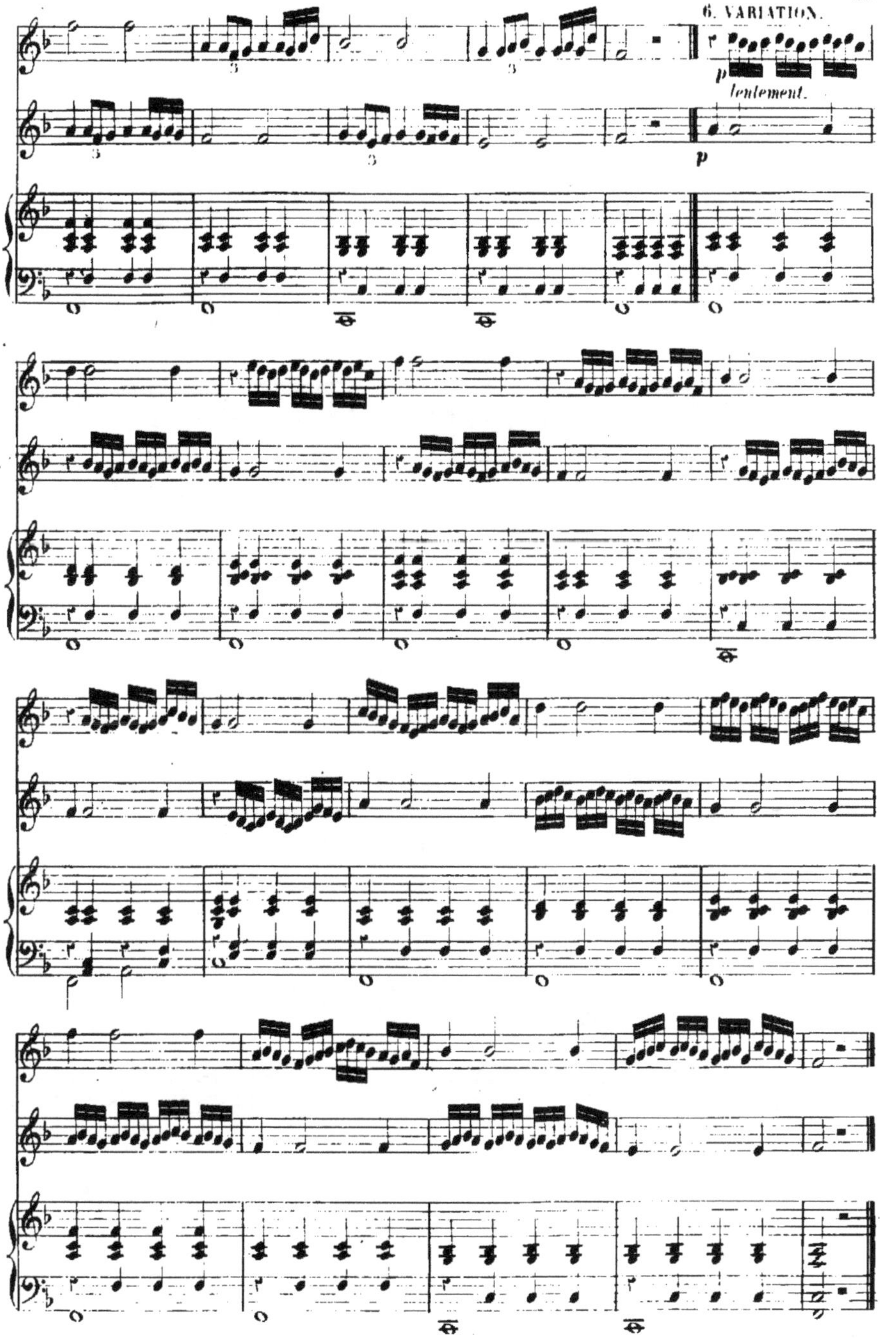

6. VARIATION.

p

lentement.

p

Résumé de différentes combinaisons de Valeurs de Notes et de Silences employées précédemment dans la mesure à deux quatre. — Syncopes de Croches.

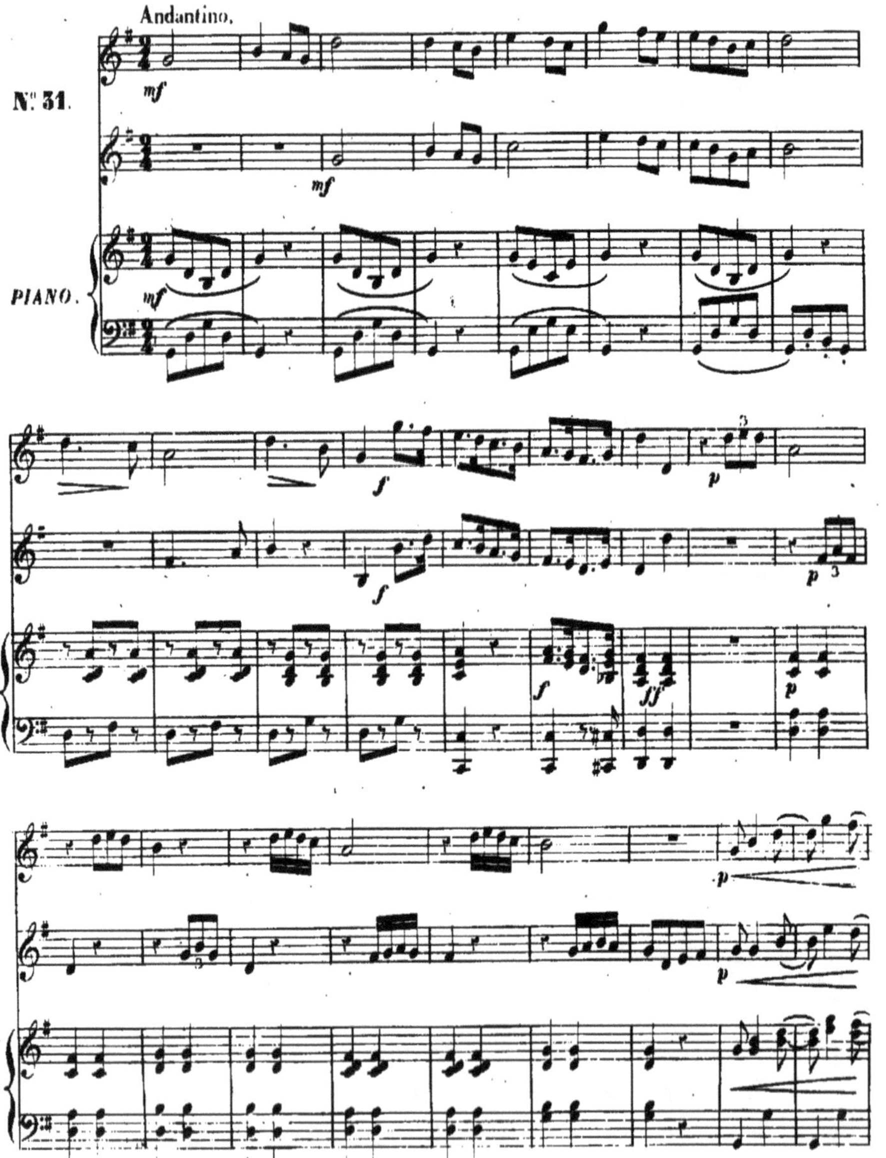

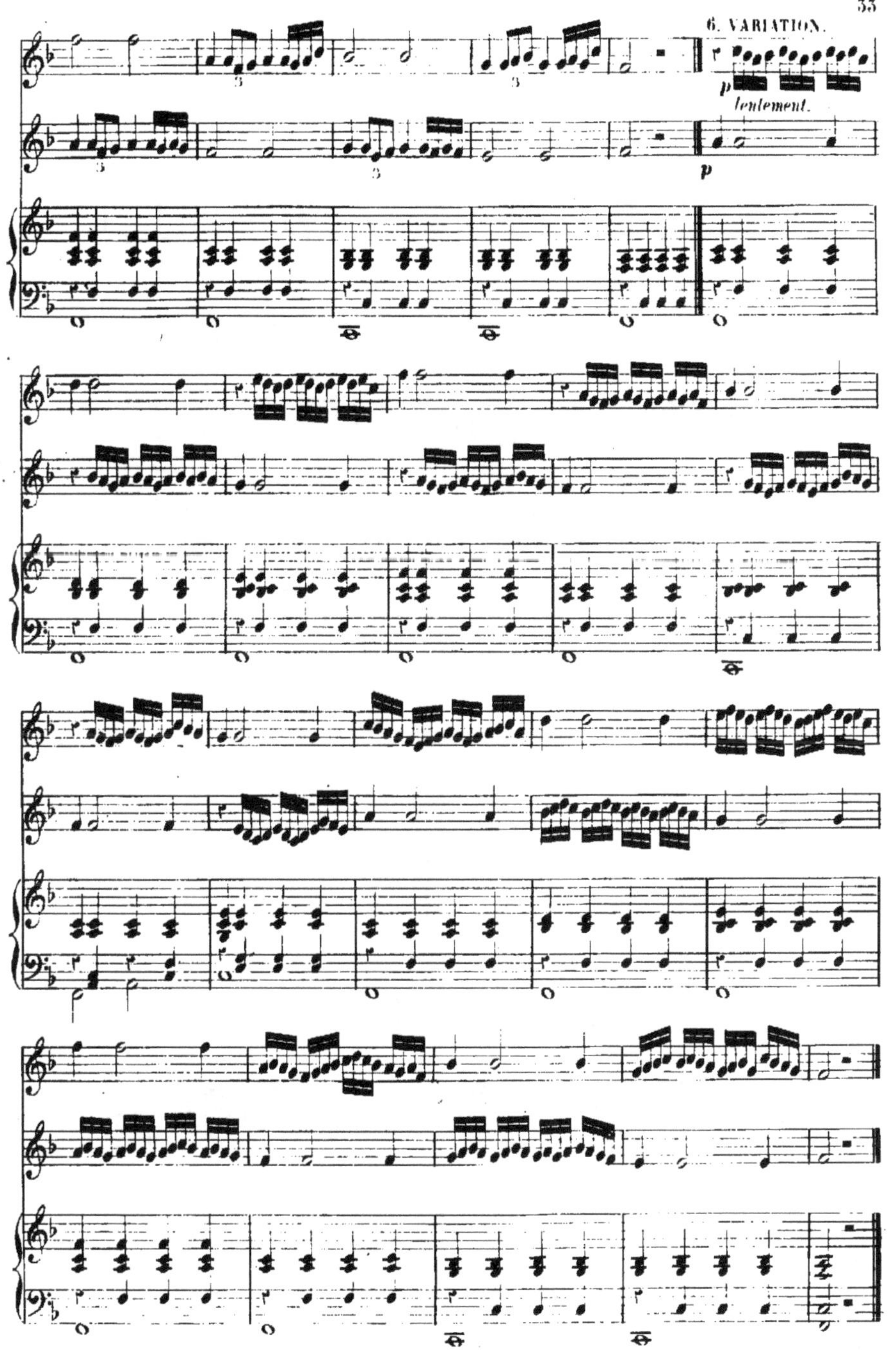
6. VARIATION.
p
lentement.
p

Résumé de différentes combinaisons de Valeurs de Notes et de Silences employées précédemment dans la mesure à deux quatre._Syncopes de Croches.

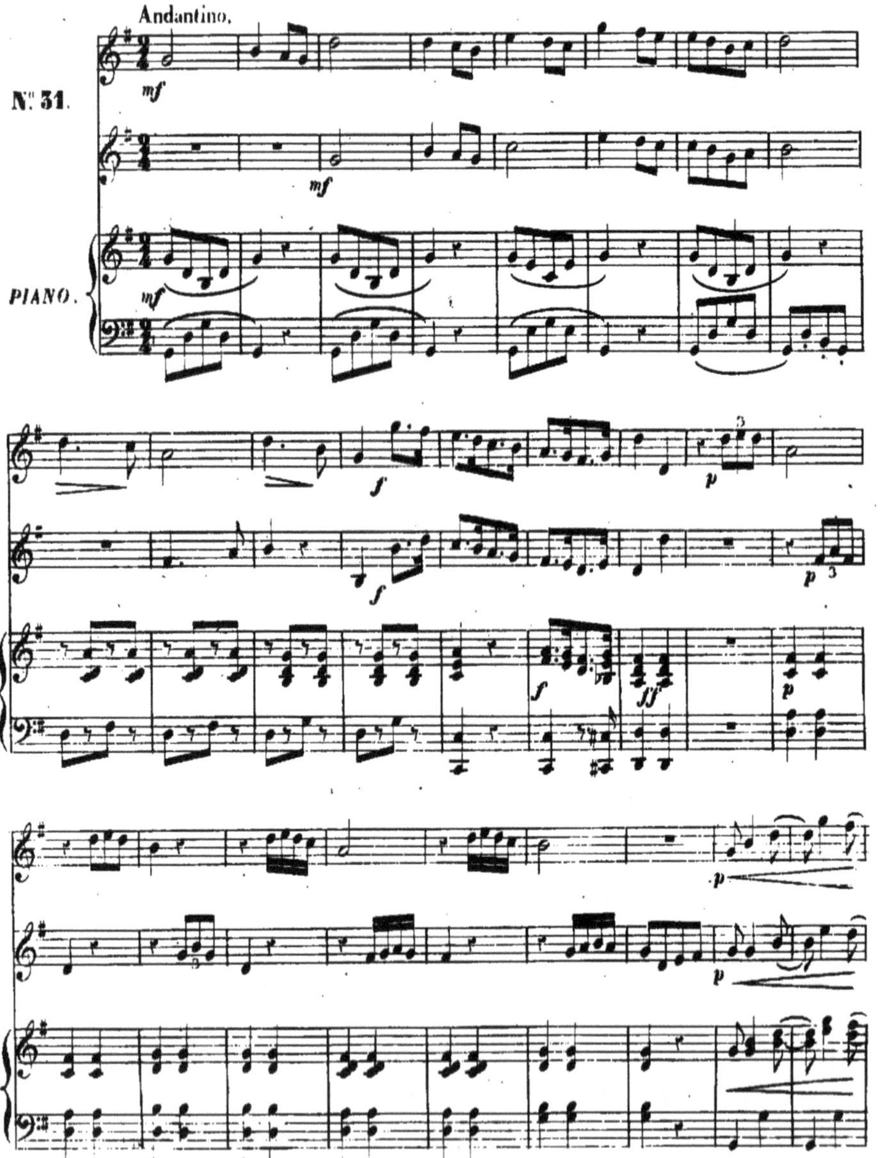

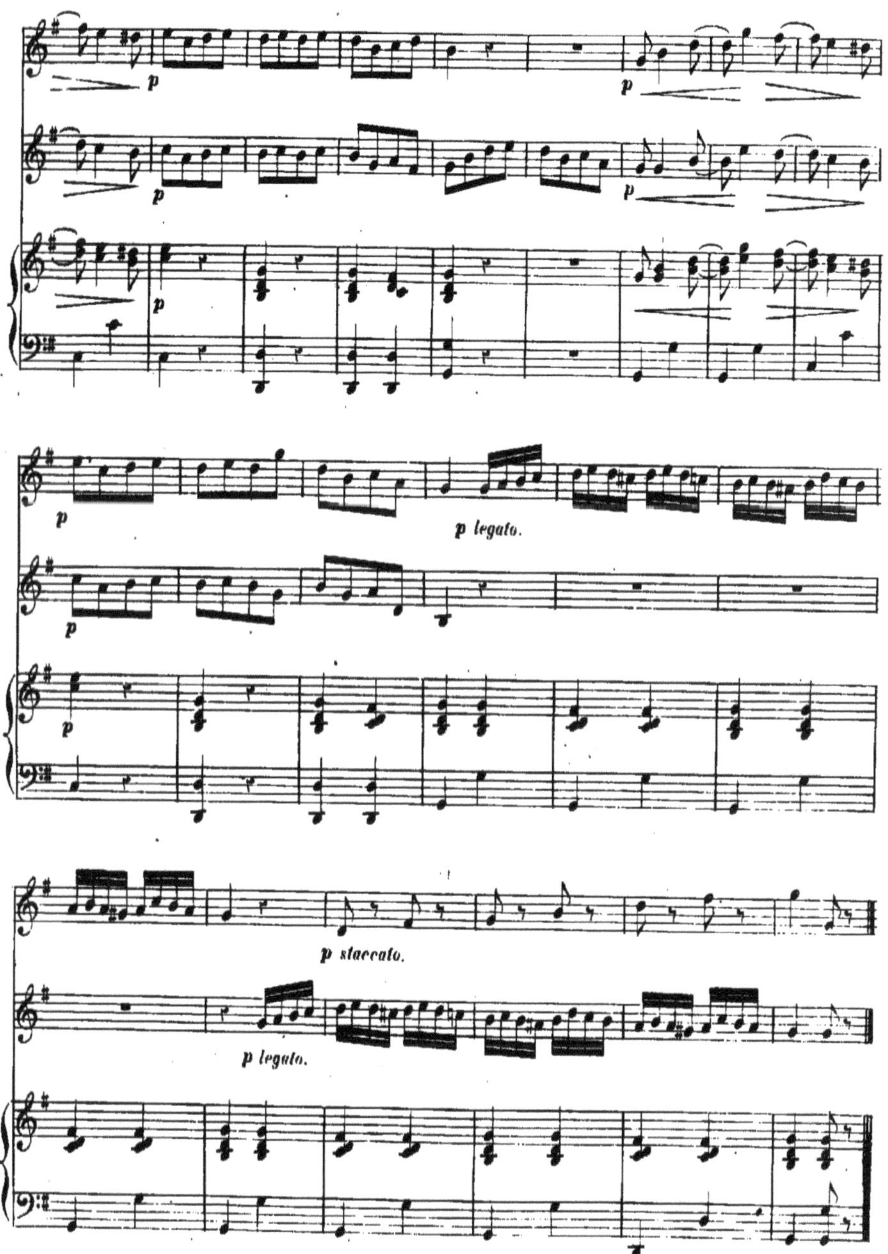
p
p
p
p
p
p
p
p legato.
p
p
p staccato.
p legato.

MESURE LARGE A DEUX TEMPS.

Cette mesure s'indique par un **2** ou un **₵**. Elle est composée, comme celle à quatre temps, d'une Ronde ou de la valeur d'une Ronde. — C'est la même mesure que celle à *deux-quatre*, avec les valeurs doublées de moitié.

Même leçon que la précédente, avec les valeurs doublées de moitié. — Un Triolet de Noires pour un temps.

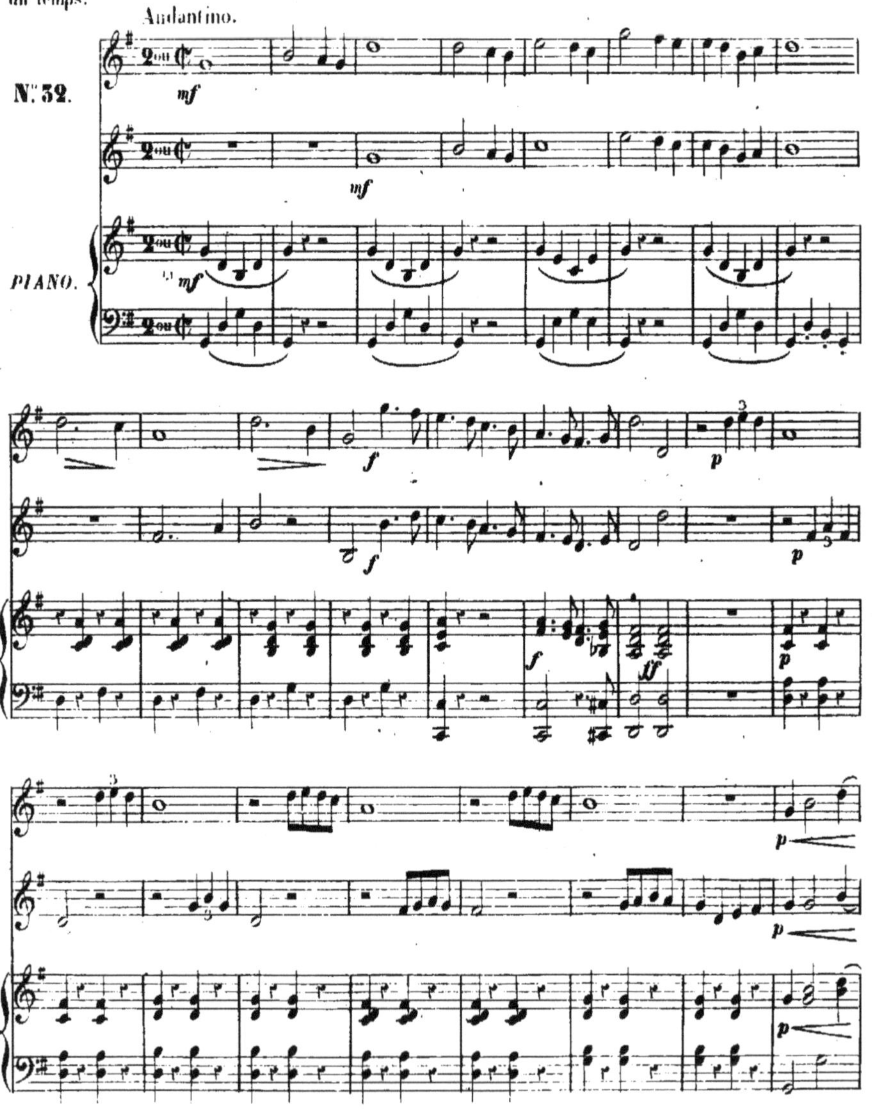

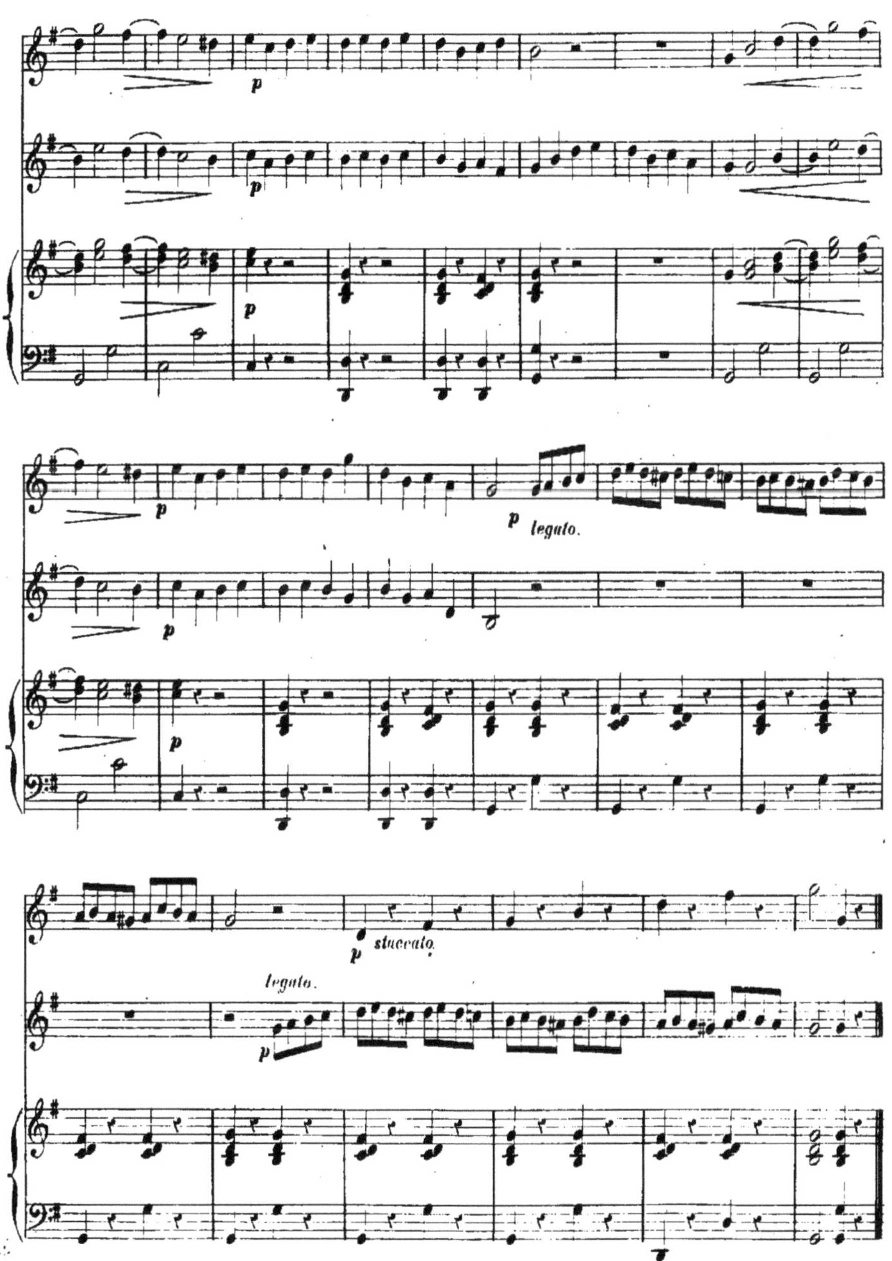
p
p
p
p
legato.
p
p
legato.
p
staccato.

MESURE A TROIS TEMPS.

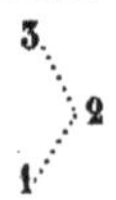

MESURE A TROIS-QUATRE.

Ton de RÉ mineur (Relatif de *fa* majeur)

Gamme et Intonations préparatoires

Une Blanche pointée pour la mesure entière.—Une Noire pour un temps.

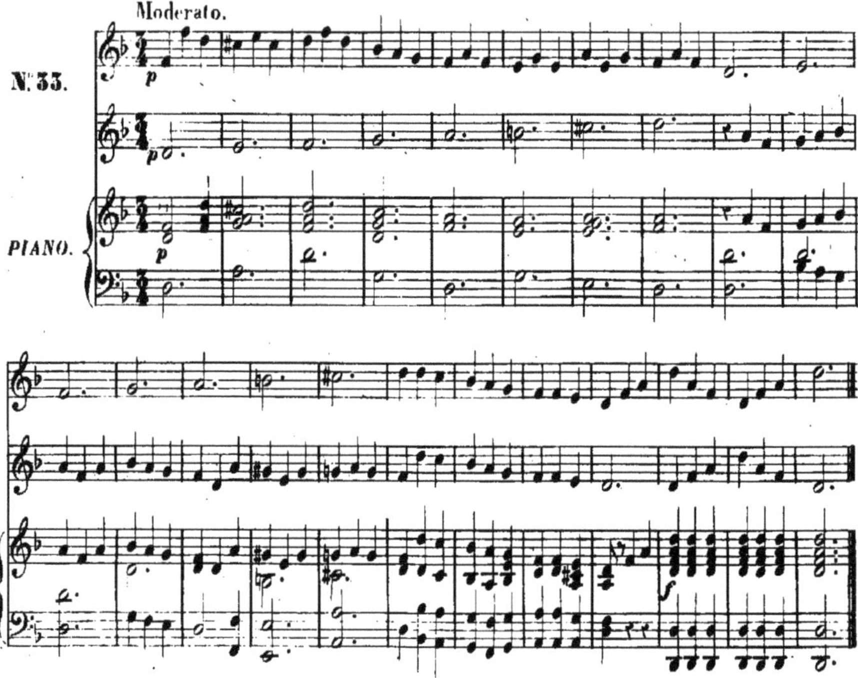

Blanches pointées, Noires et Croches.—Silences de Pauses et de Soupirs.

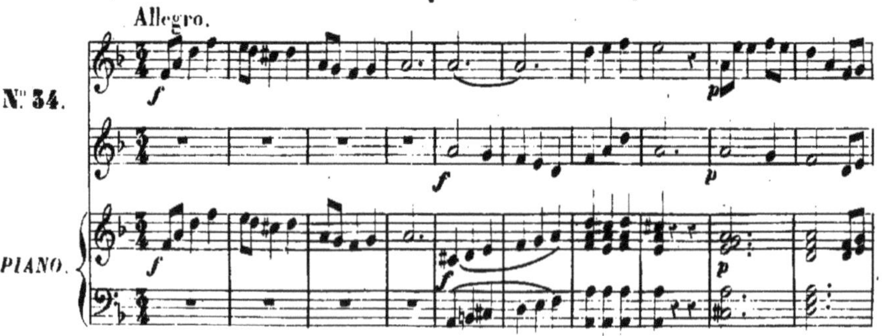

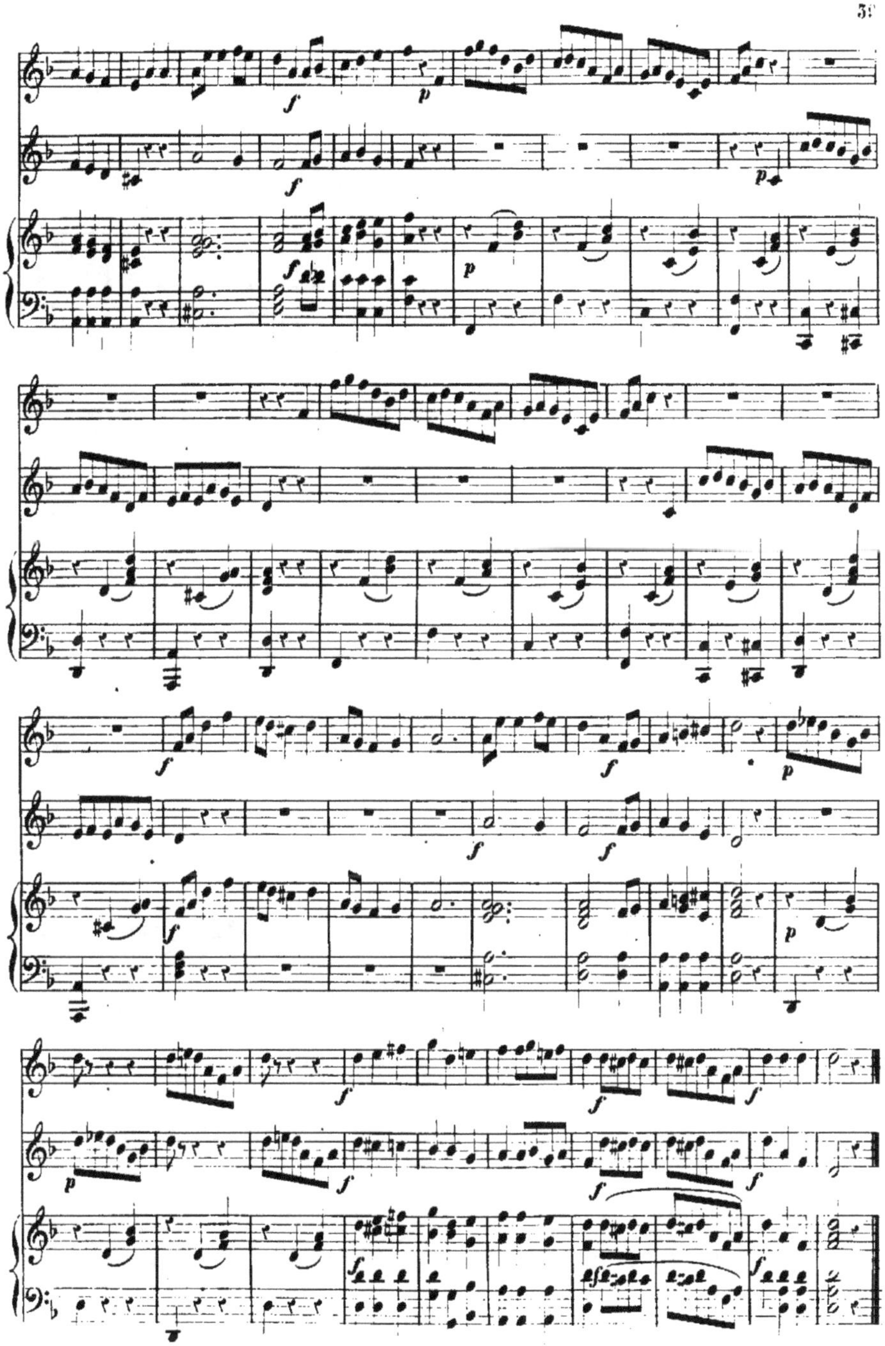

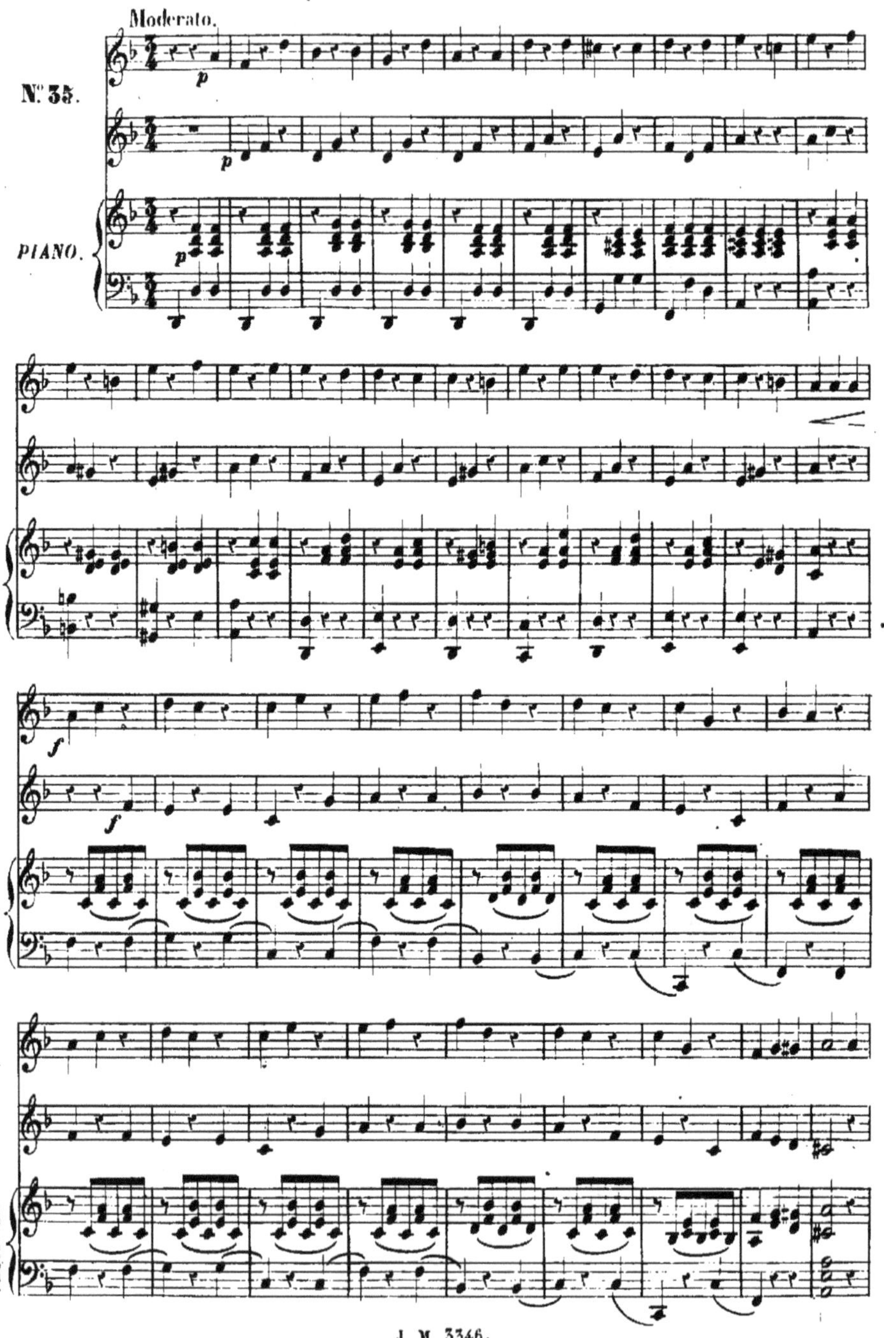
Moderato.
Nº 35.
PIANO.
p
f

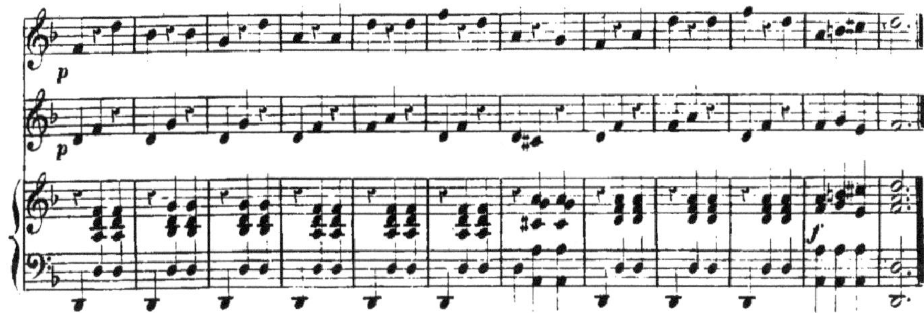

Ton de RÉ majeur.

Gamme et Intonations préparatoires.

Moderato.

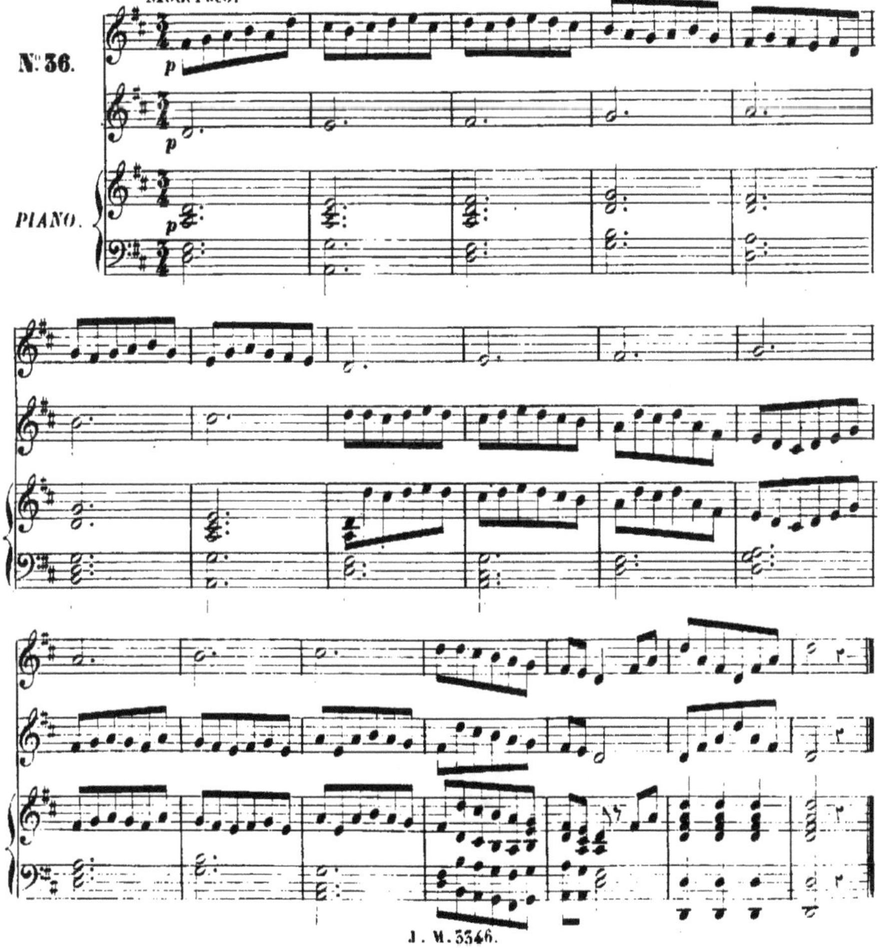

N° 36.

p

p

PIANO.

p

Résumé de différentes combinaisons de valeurs de Notes et de Silences.

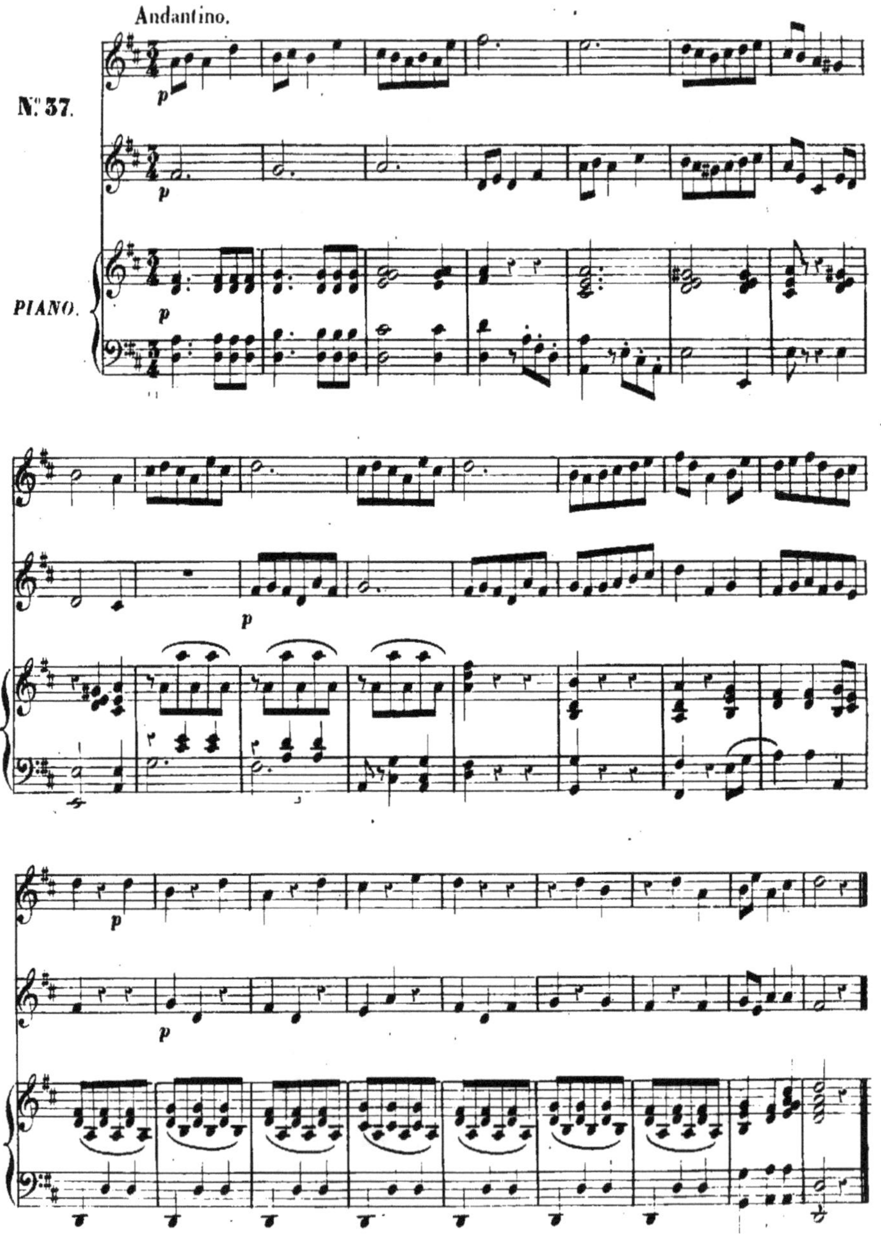

MESURE A TROIS-HUIT

Même leçon que la précédente, avec les valeurs diminuées de moitié.

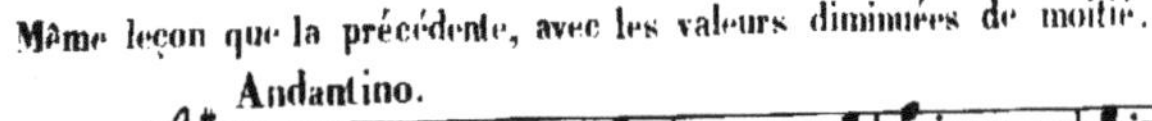

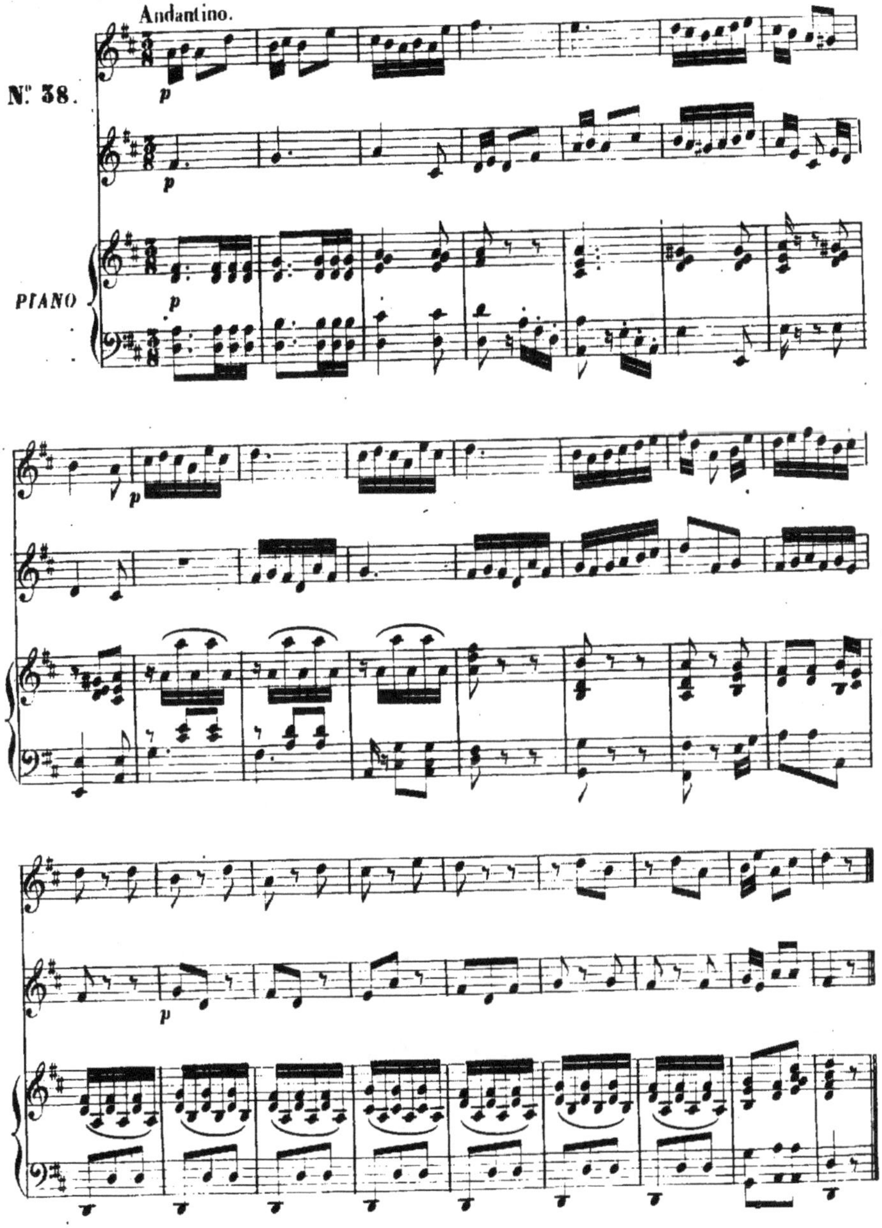

Andantino.

N° 38.

p

p

PIANO

p

p

p

Exercices sur les Syncopes.

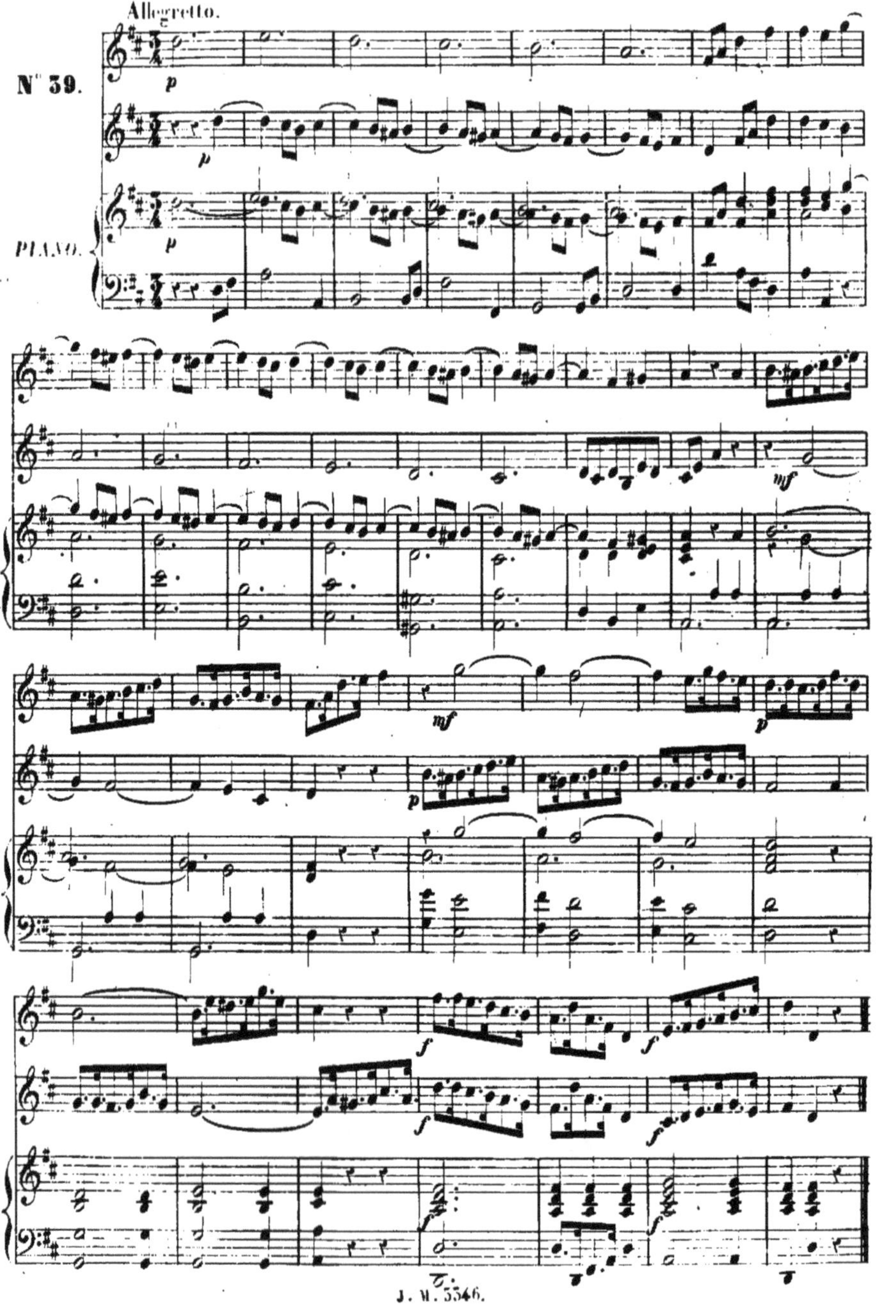

Même leçon que la précédente, avec les valeurs diminuées de moitié.

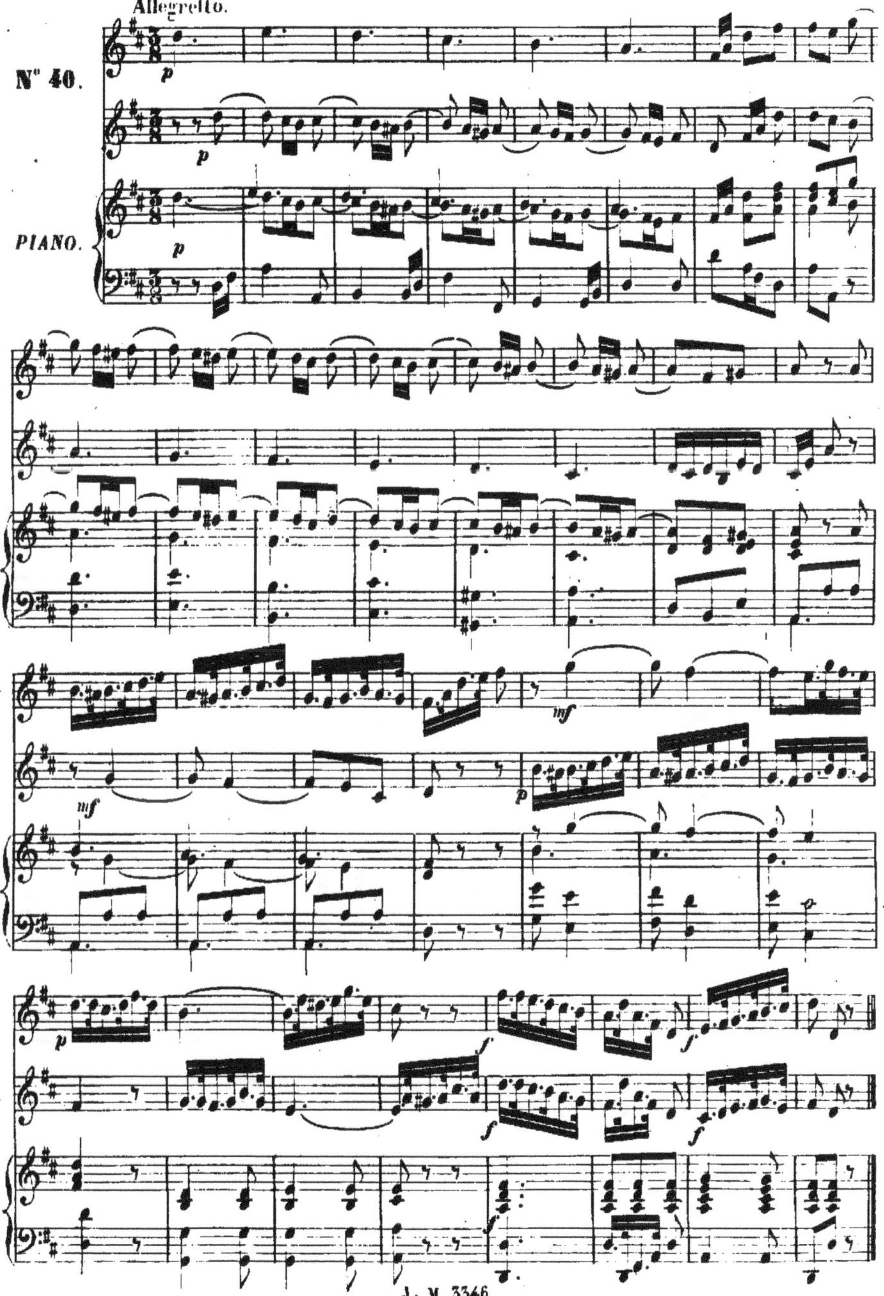

Triolet de Croches. _ Un Triolet de Croches pour un temps.

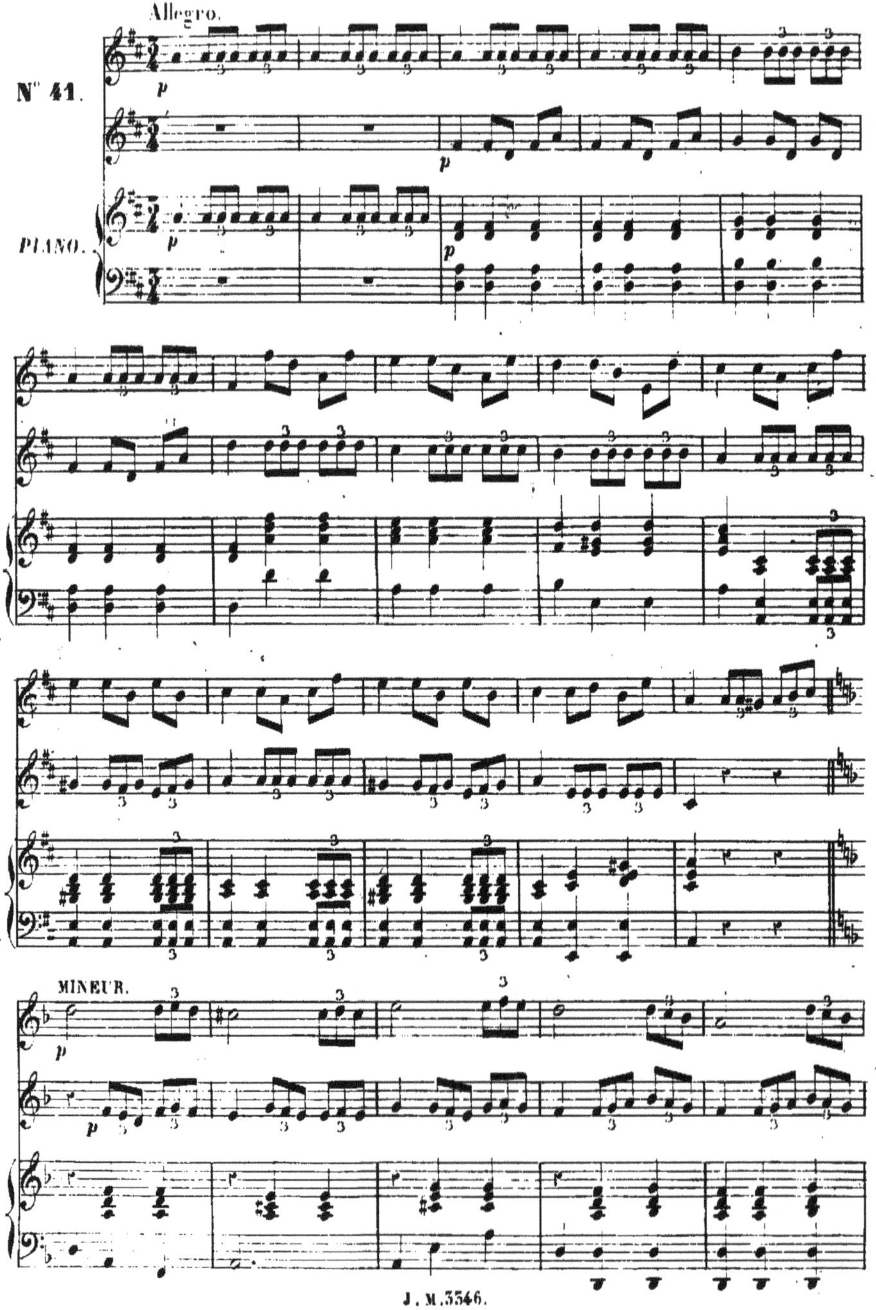

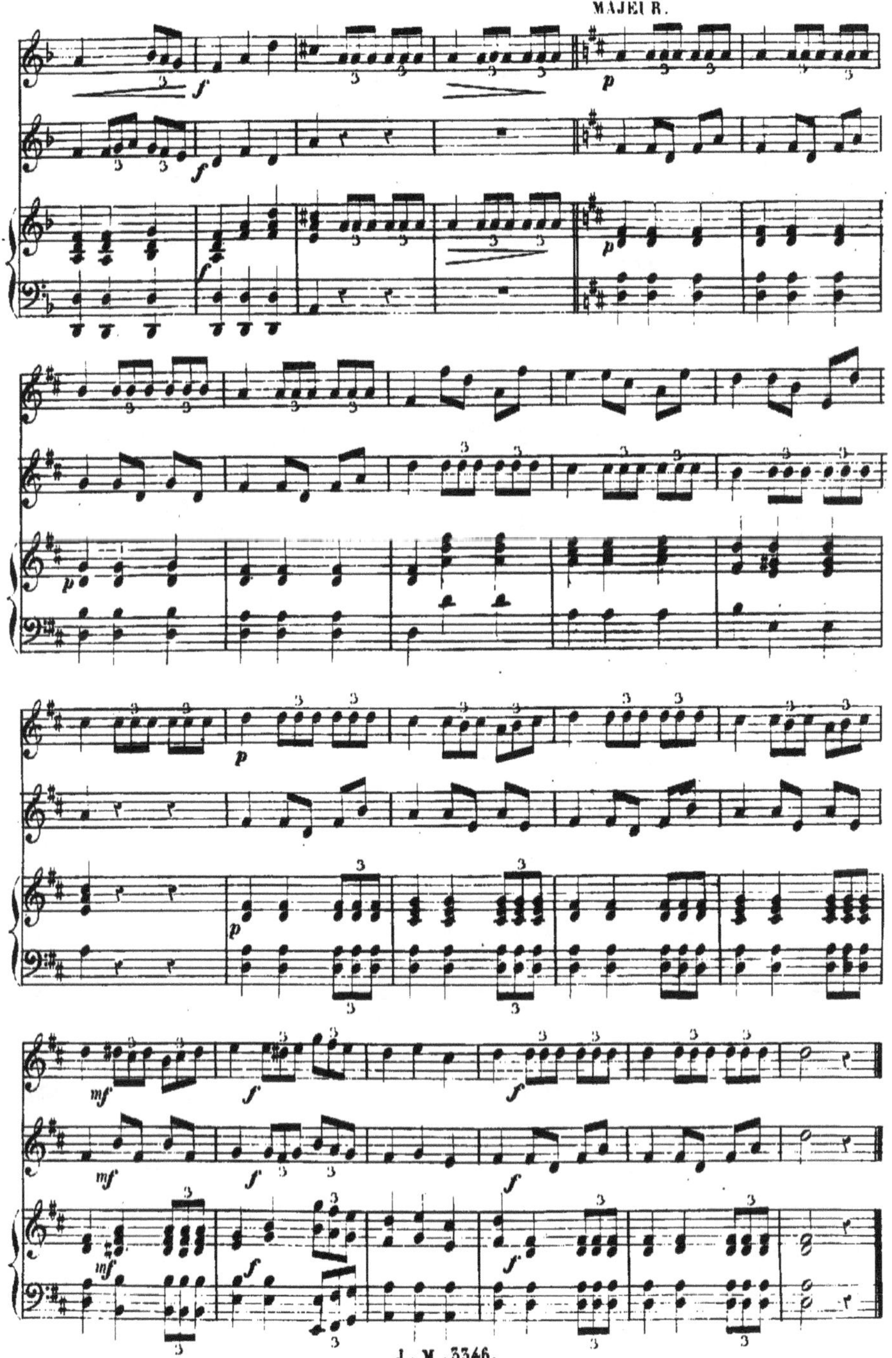
MAJEUR.
J. M. 3346.

Même leçon que la précédente avec les valeurs diminuées de moitié _ Triolet de Doubles Croches.
Un triolet de Doubles Croches pour un tems.

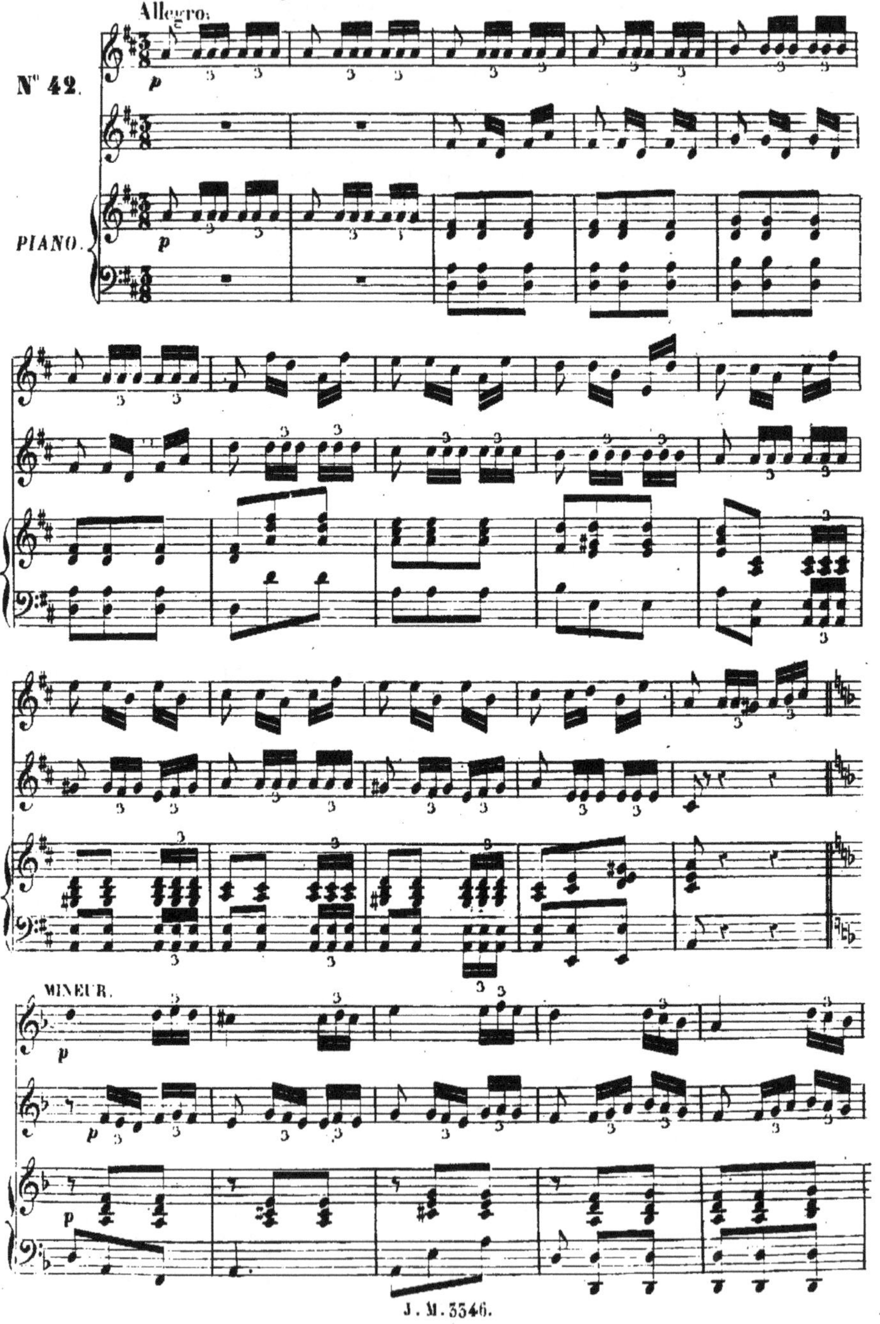

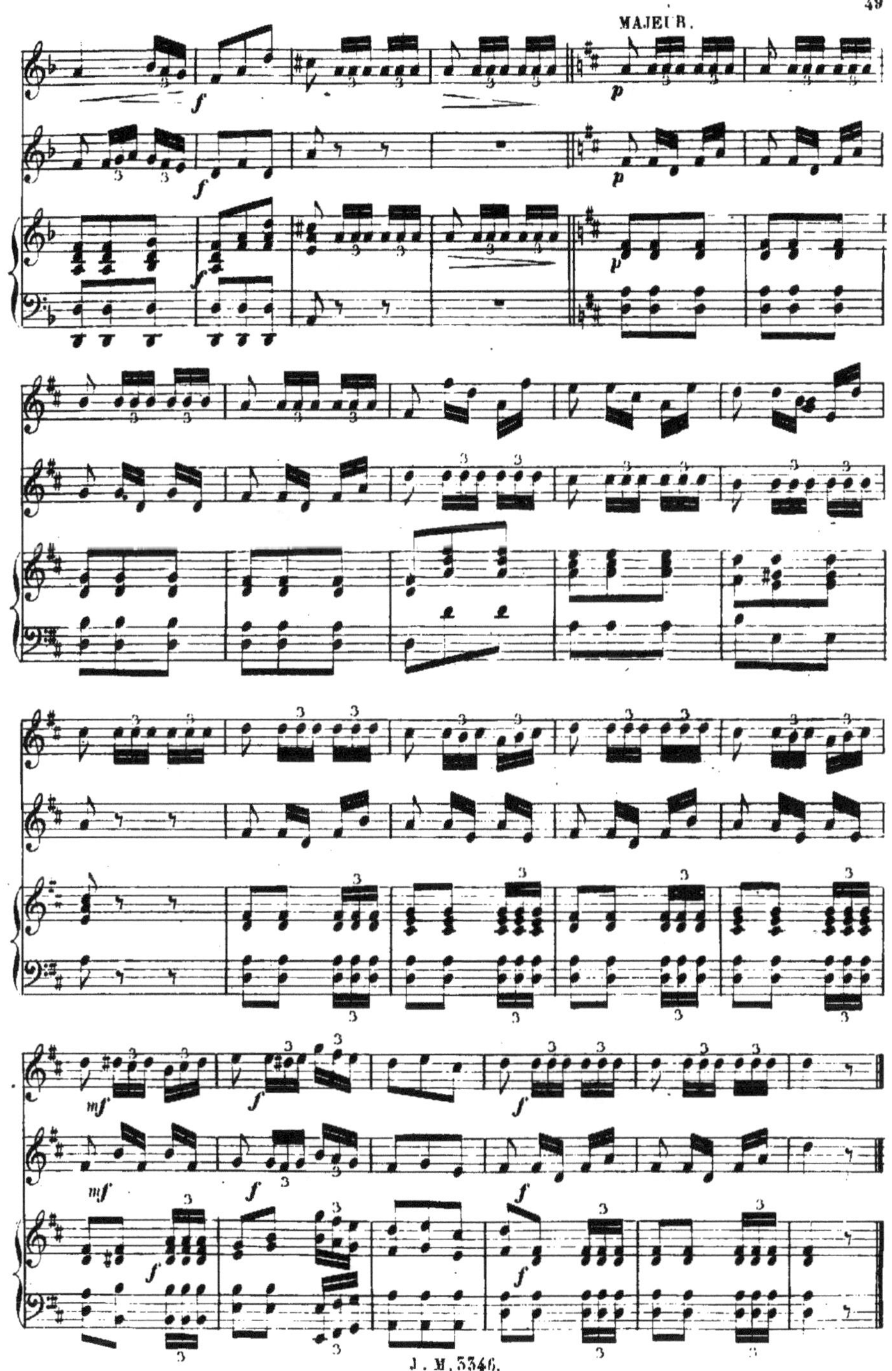
MAJEUR.

Andante.

N° 43.

p

PIANO.

p

p

p

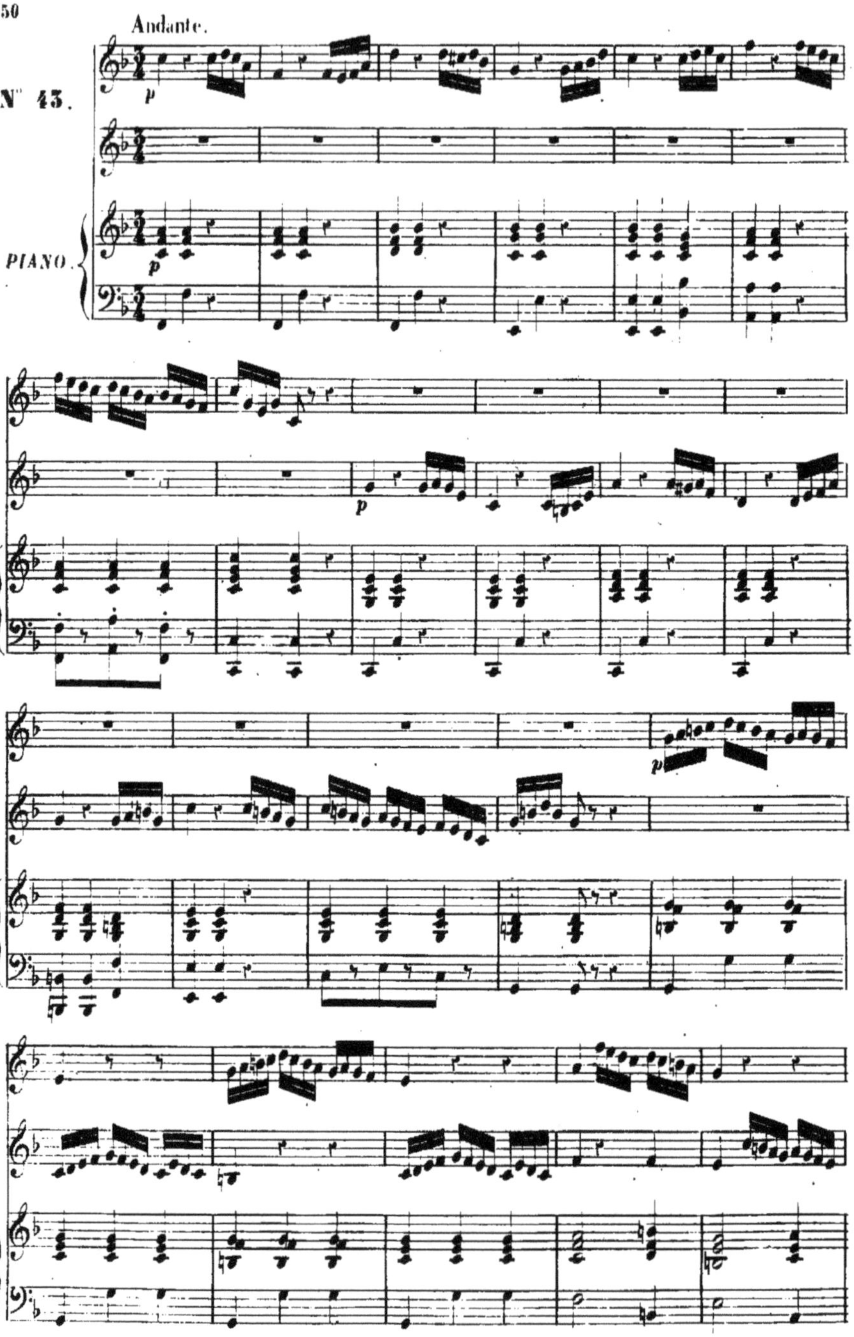

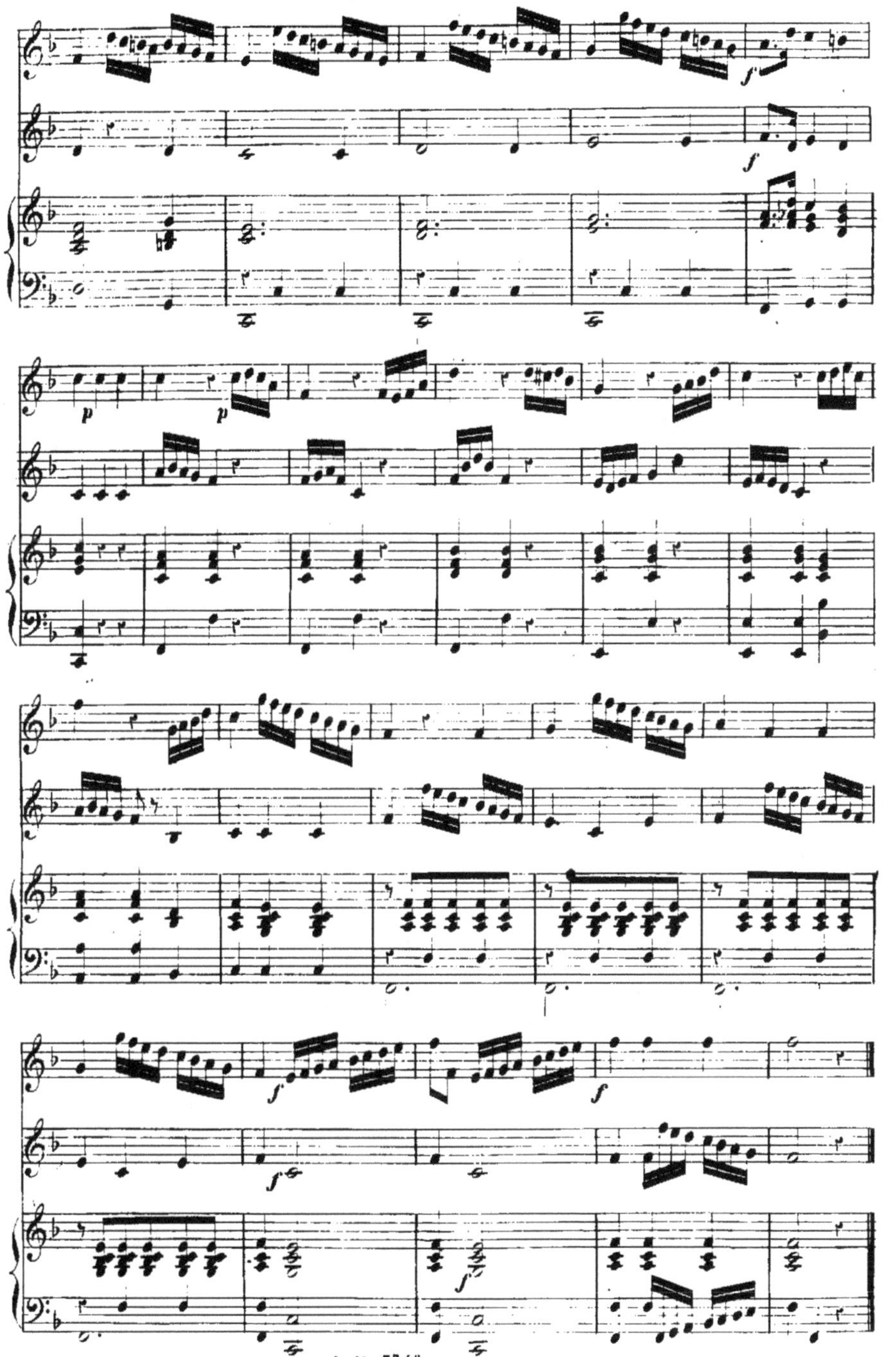

Même leçon que la précédente, avec les valeurs diminuées de moitié.—Triples-Croches.—Quatre Triples-Croches pour un temps.

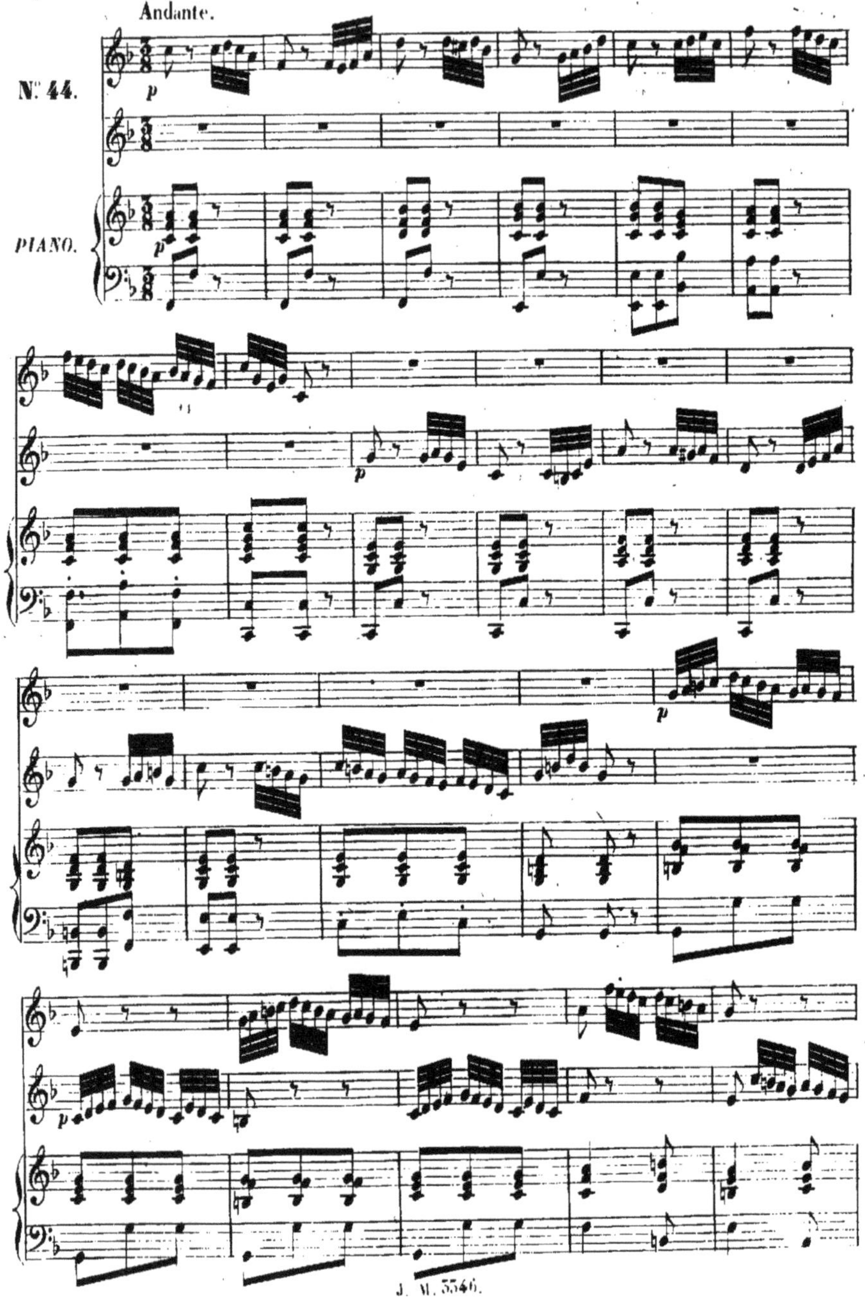

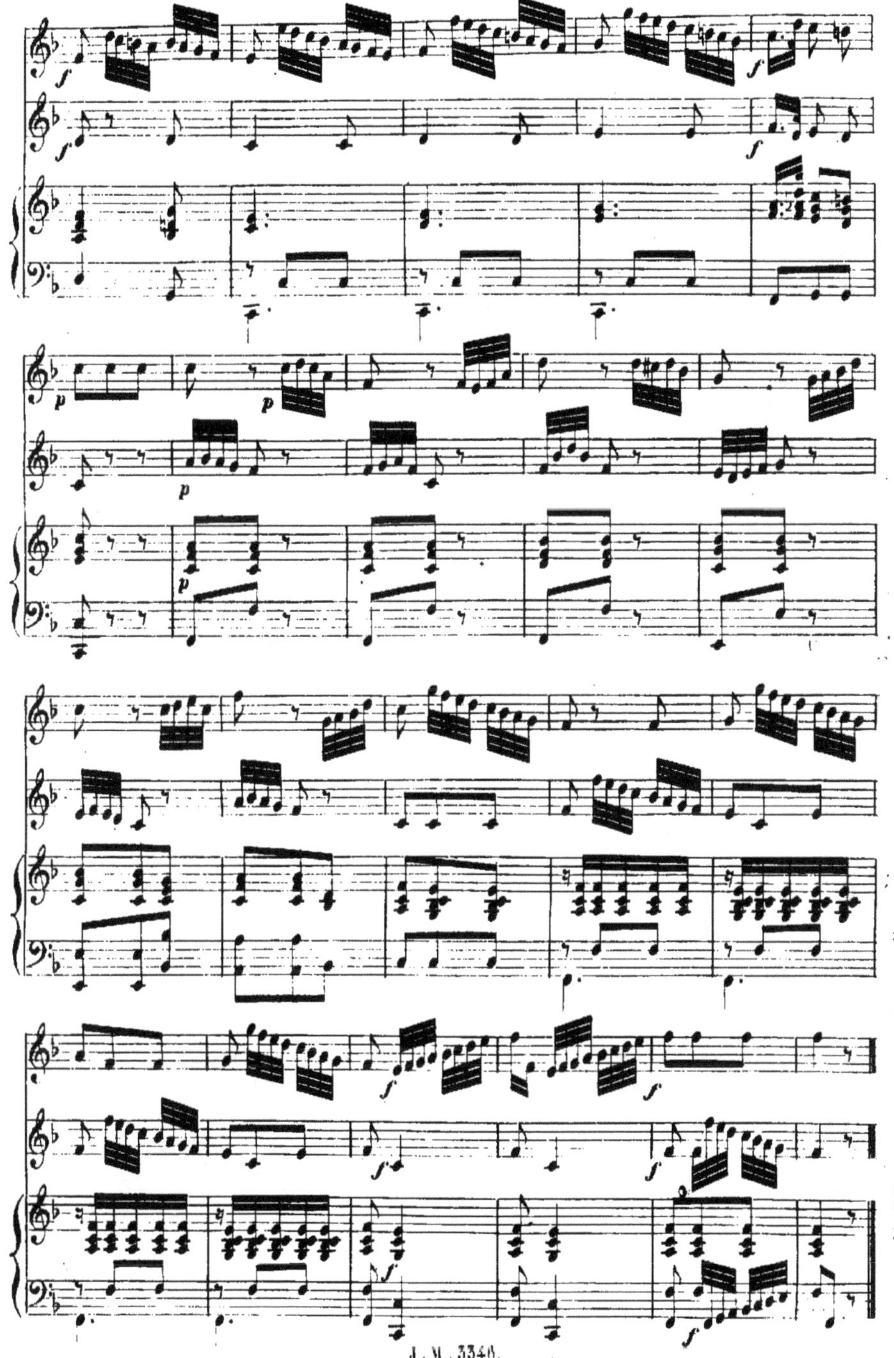

CANON.

N° 45.

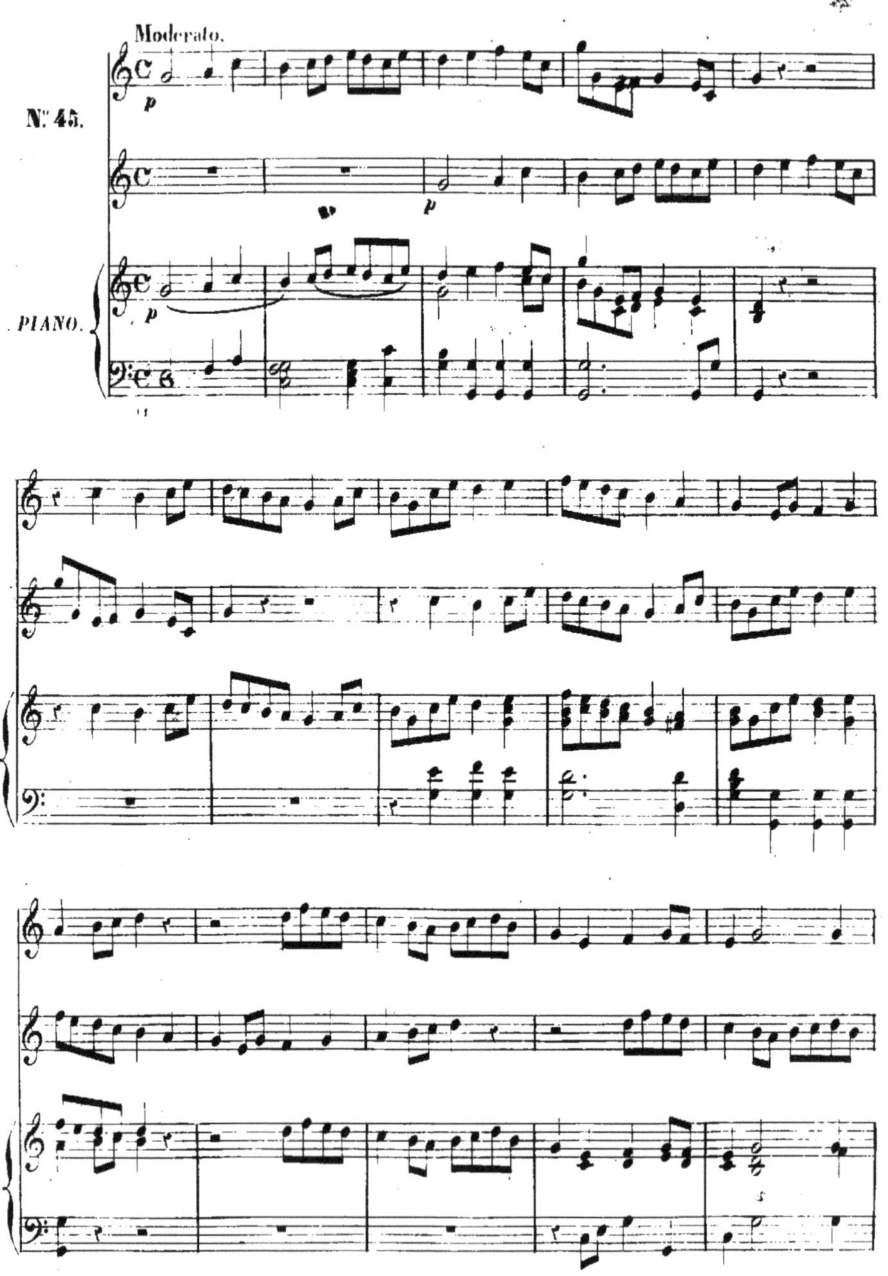

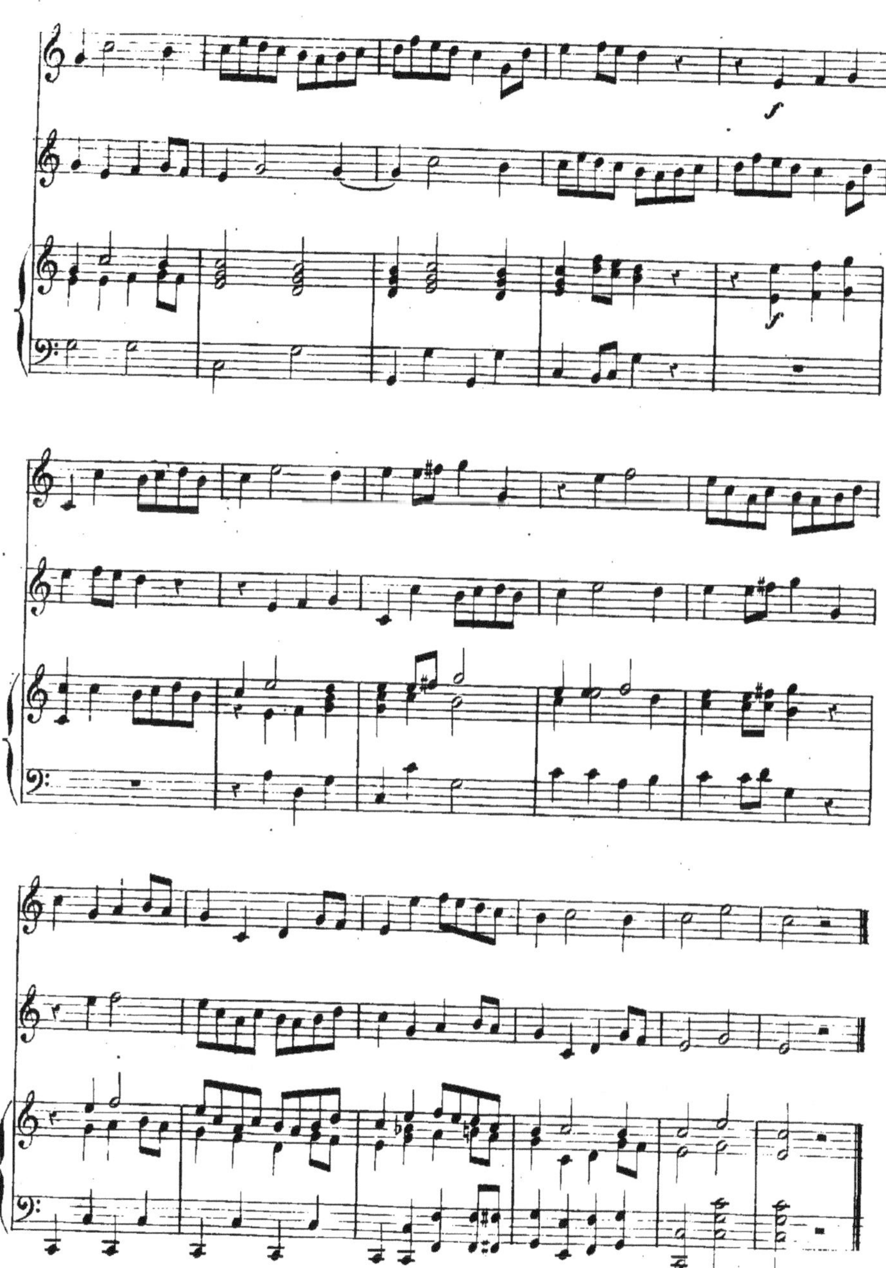
f
f

Exercice sur le Demi-Soupir pointé. — Un Demi-Soupir pointé pour les trois quarts d'un temps.

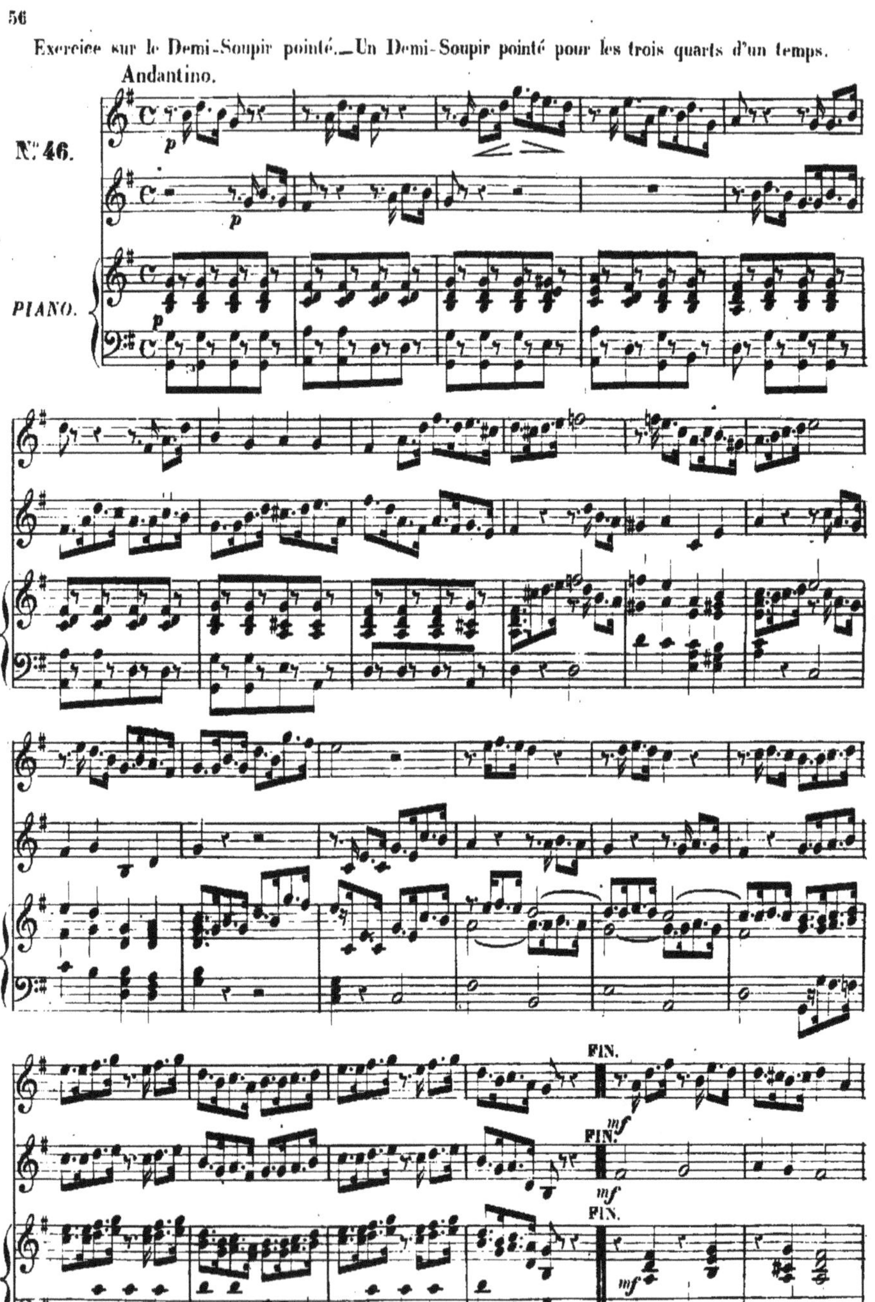

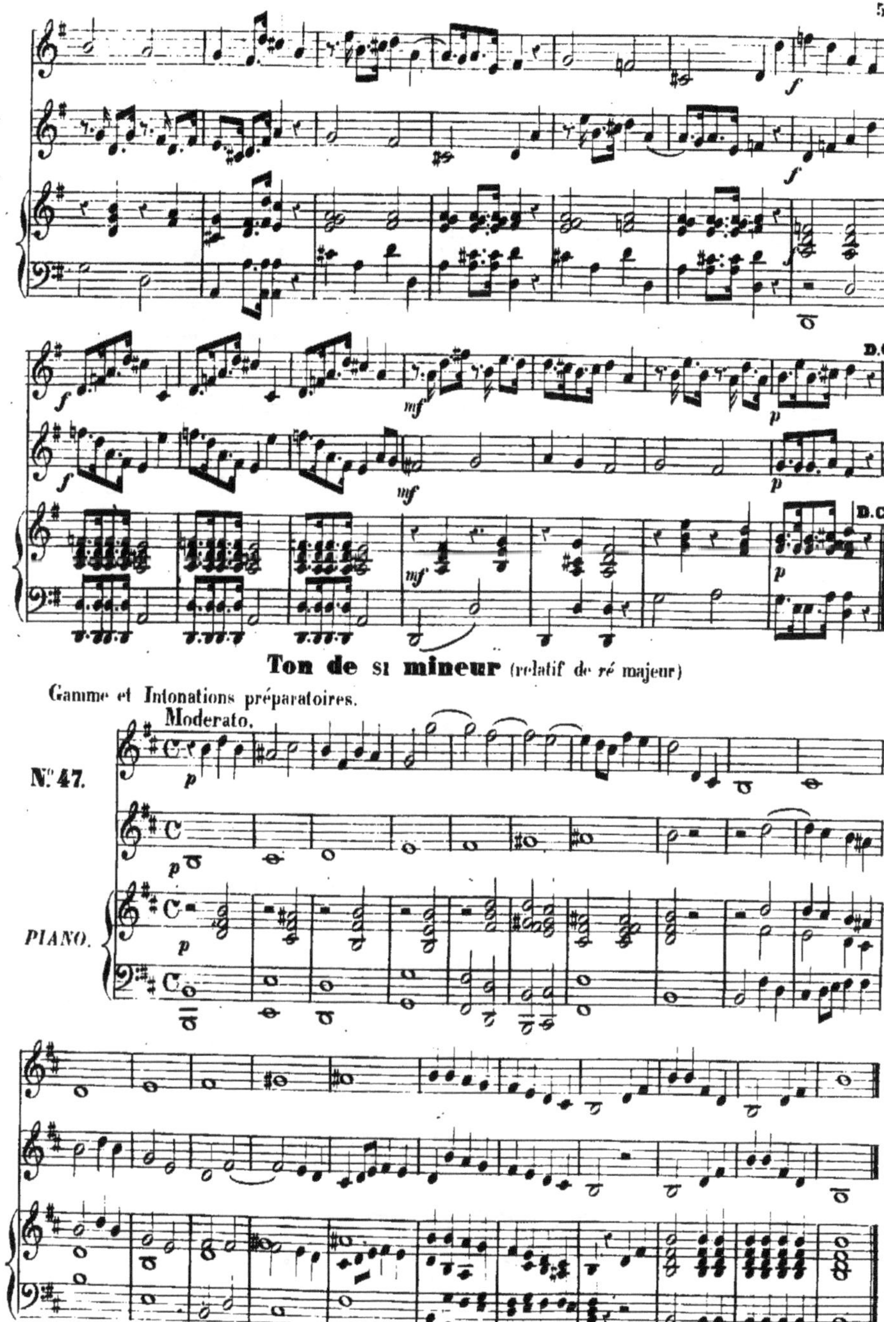
D.C.
D.C.
Ton de si mineur (relatif de ré majeur)
Gamme et Intonations préparatoires.
Moderato.
Nº 47.
PIANO.

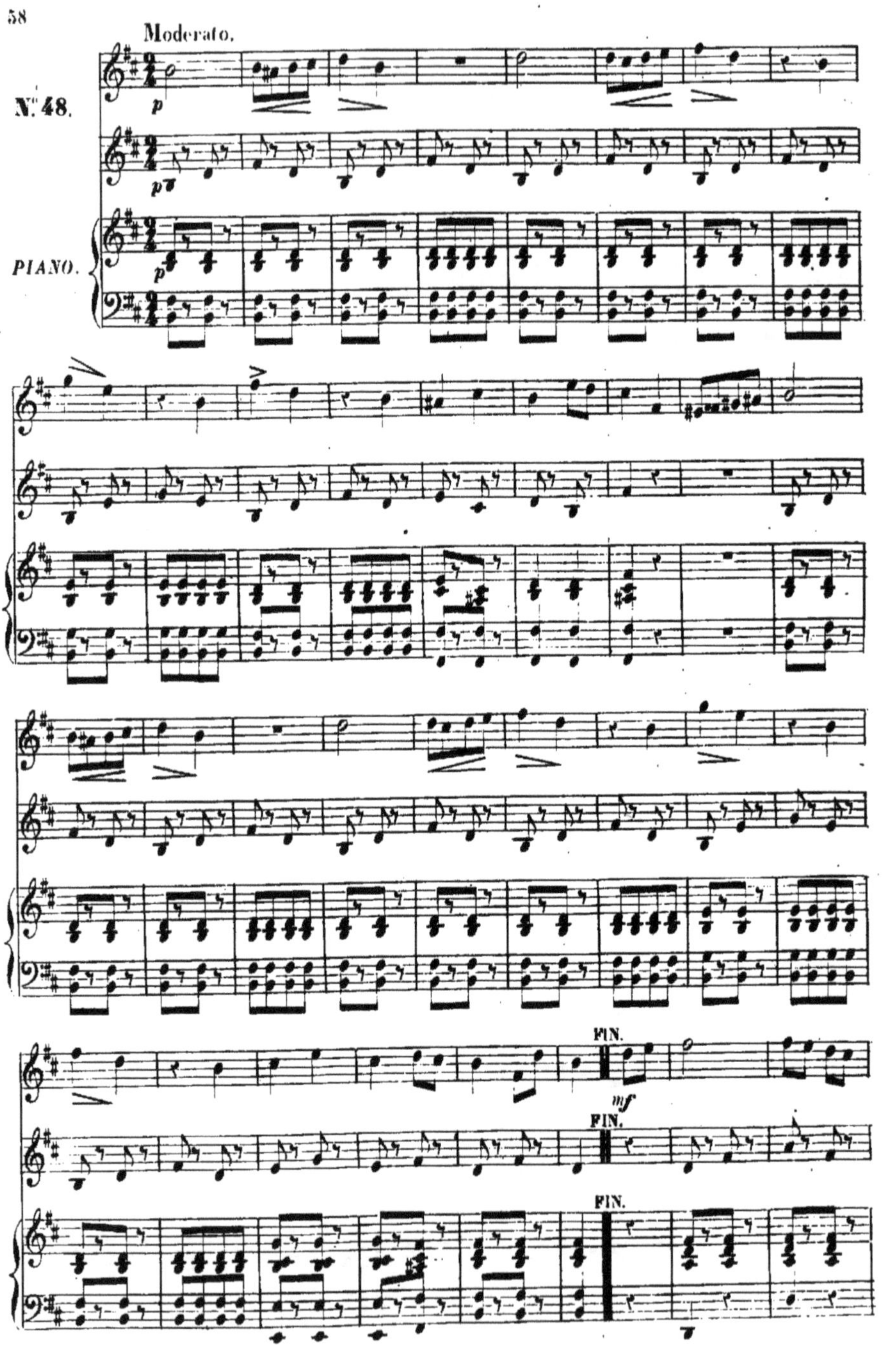
Moderato.
N° 48.
p
PIANO.
FIN.
mf

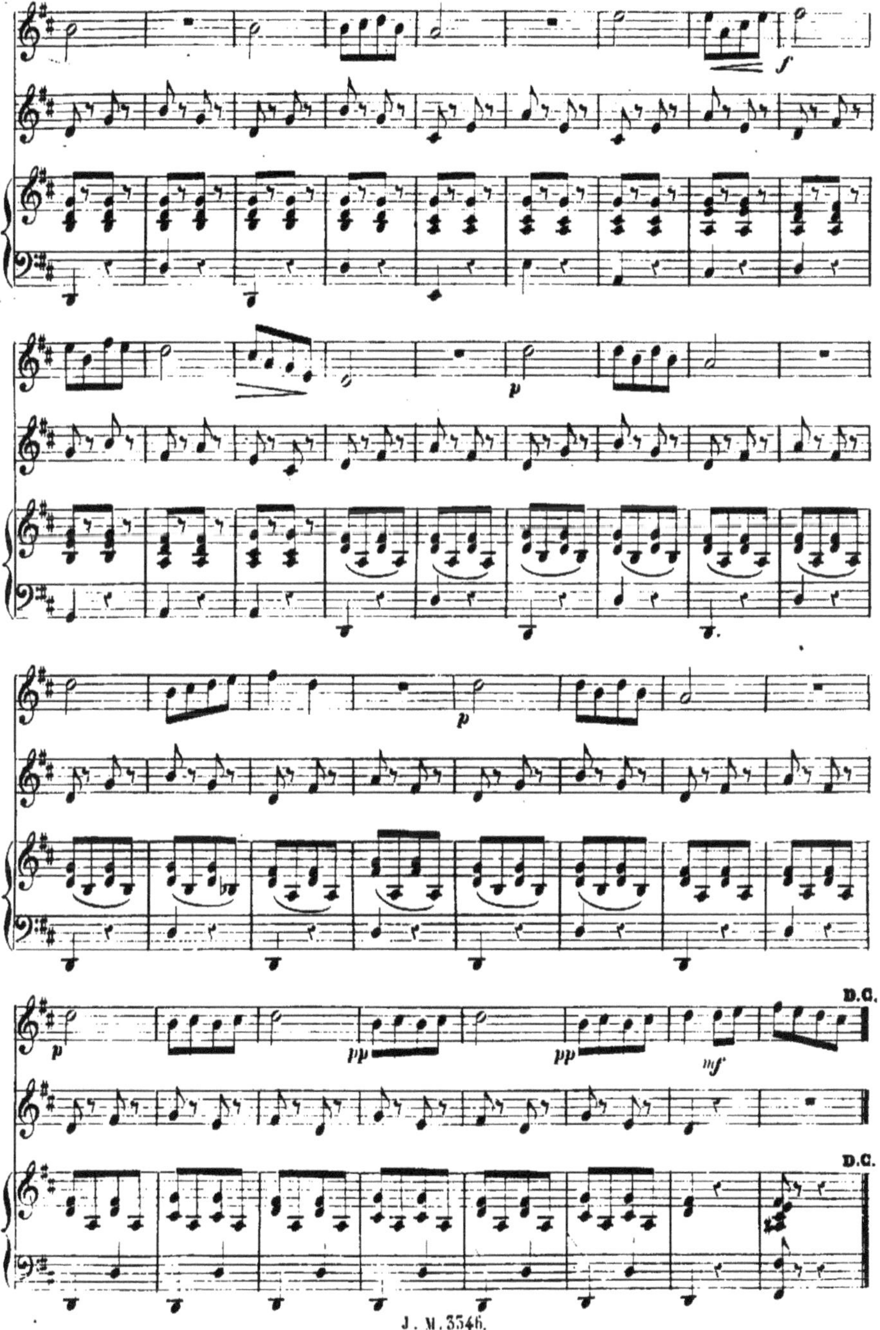
f
p
p
p
pp
pp
mf
D.C.
D.C.

DES MESURES COMPOSÉES.

Les temps des mesures composées peuvent se diviser par trois, tandis que ceux des mesures simples étudiées précédemment se divisent toujours par deux. _Les mesures composées sont appelées mesures à *six-huit, neuf-huit* et *douze-huit*. _En ajoutant un point à chaque temps d'une mesure simple on forme une mesure composée. Exemple:

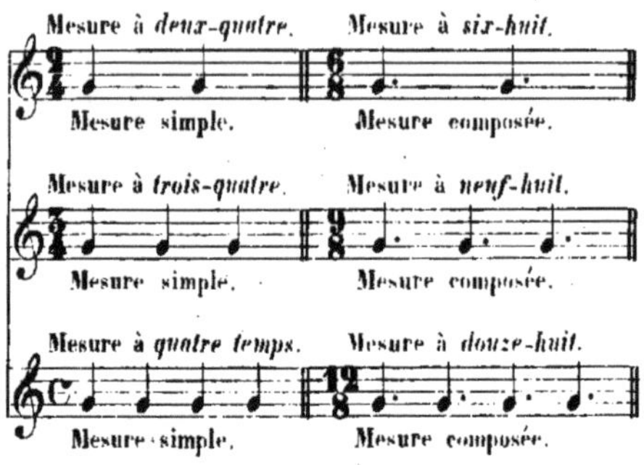

MESURE A SIX-HUIT.

La mesure à six-huit se bat à deux temps

Une Blanche pointée pour la mesure entière._Une noire pointée ou la valeur d'une Noire pointée pour un temps._Un Soupir et un Demi Soupir pour un temps.

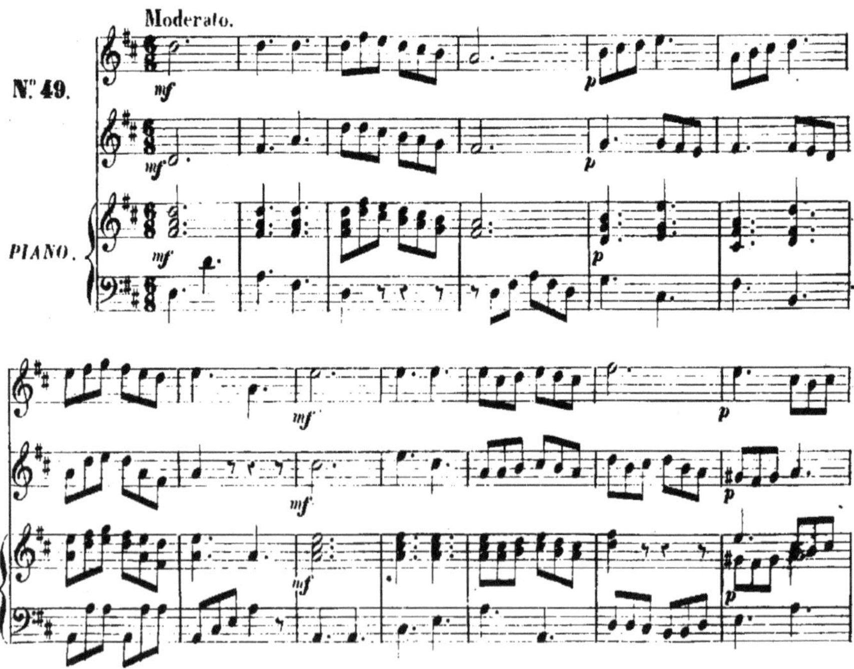

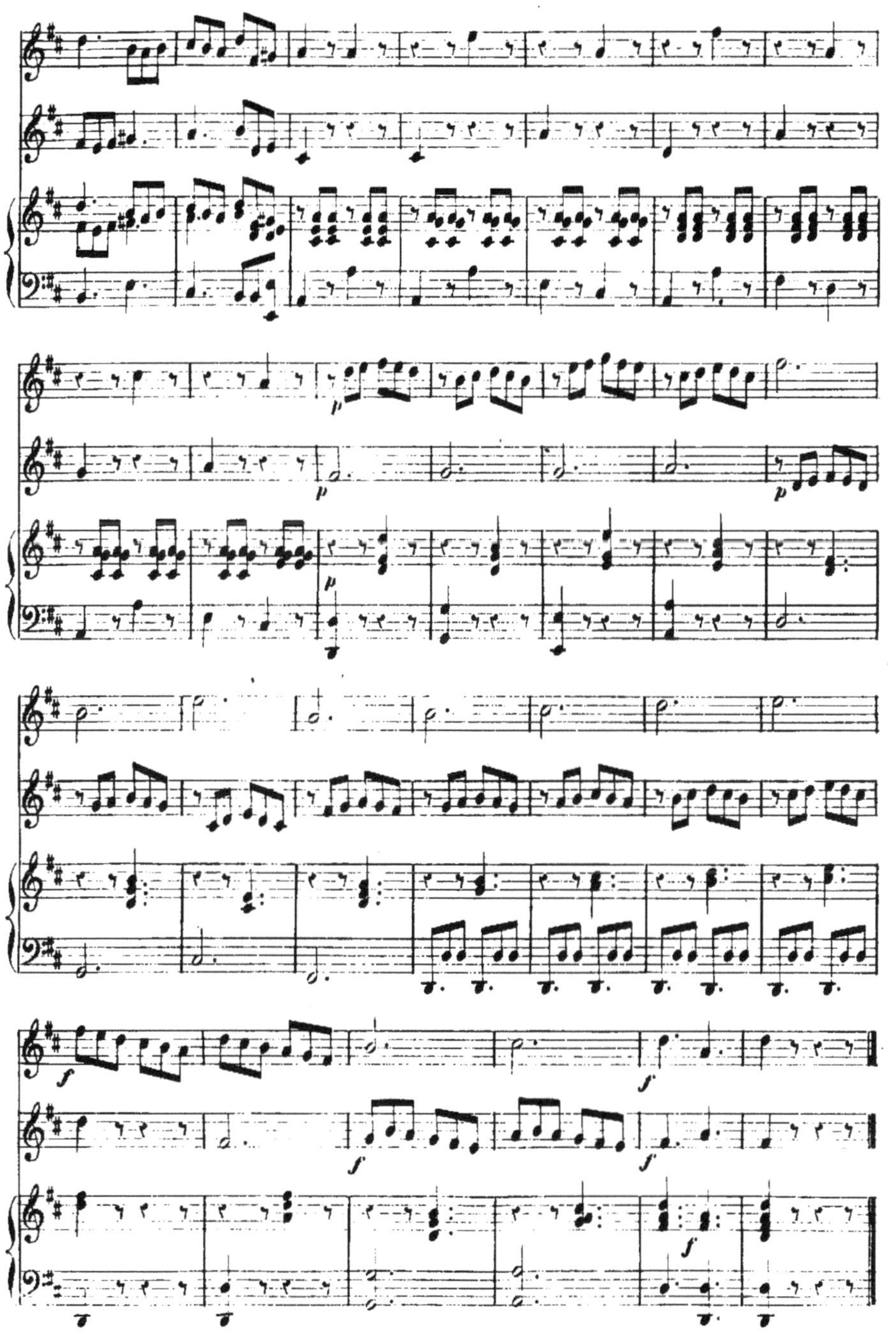

(1) Allegro.

N° 50.

PIANO.

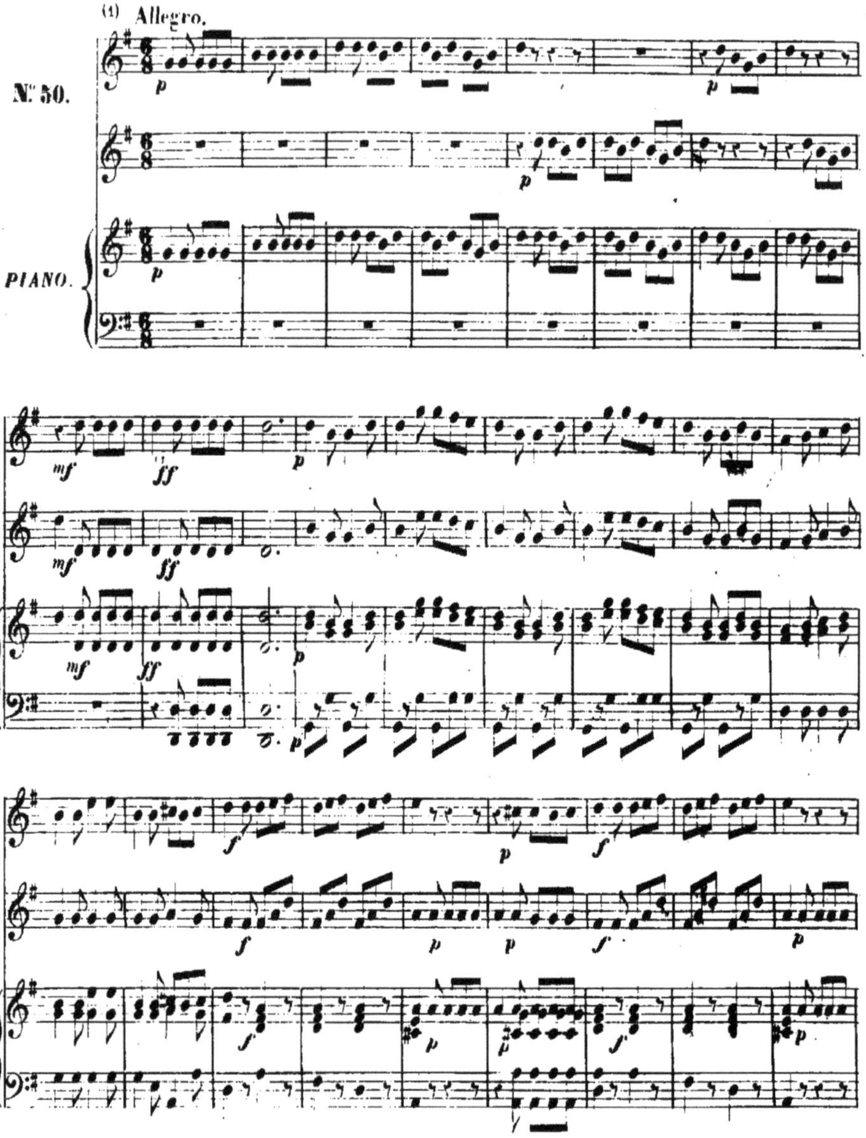

(1) Lorsque la mesure à *six huit* présente de trop grandes difficultés de valeurs pour un élève, on peut la diviser en six temps, en faisant d'une mesure à six-huit deux mesures à trois-huit. Exemple:

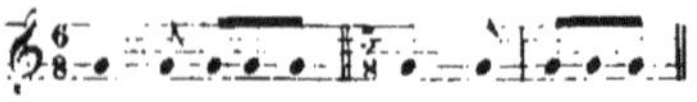

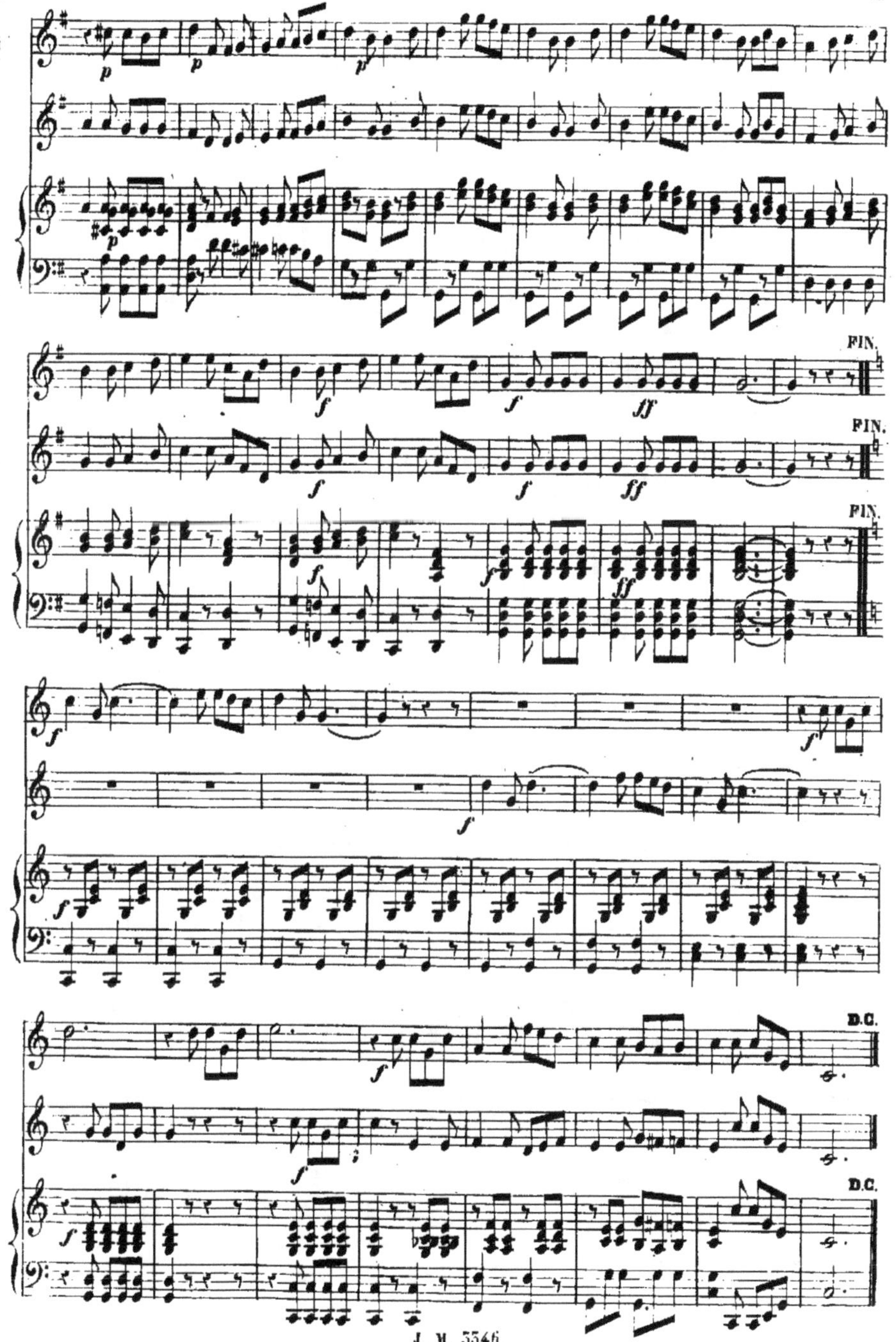
p
p
p
f
f
ff
FIN.
f
f
ff
FIN.
p
f
f
ff
FIN.
f
f
f
f
f
D.C.
f
D.C.
f
D.C.

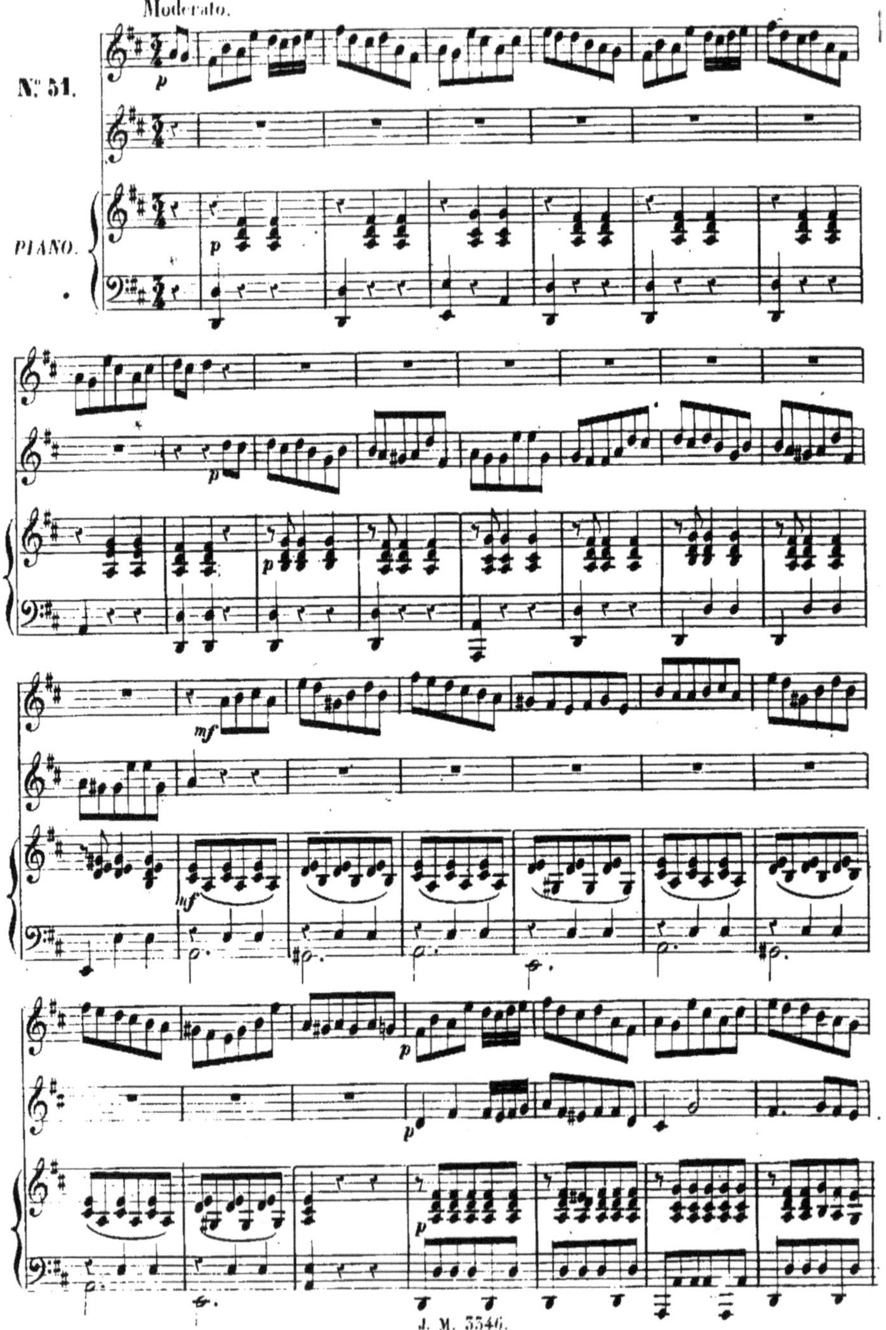
Moderato.
N° 51.
PIANO.
p
mf

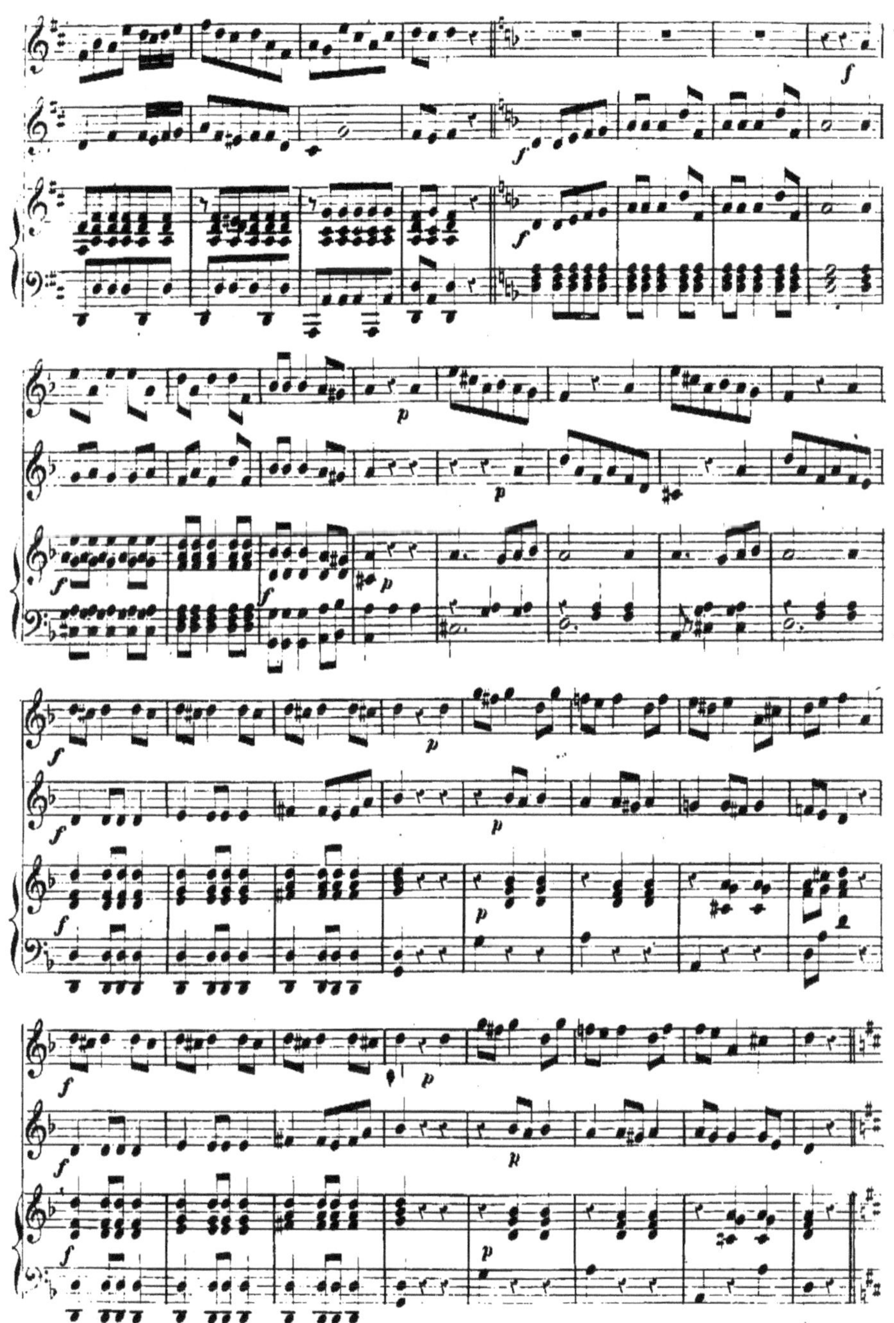
f
p
f
p
f
p
f
p
f
p
f
p
p
f
p
f
p

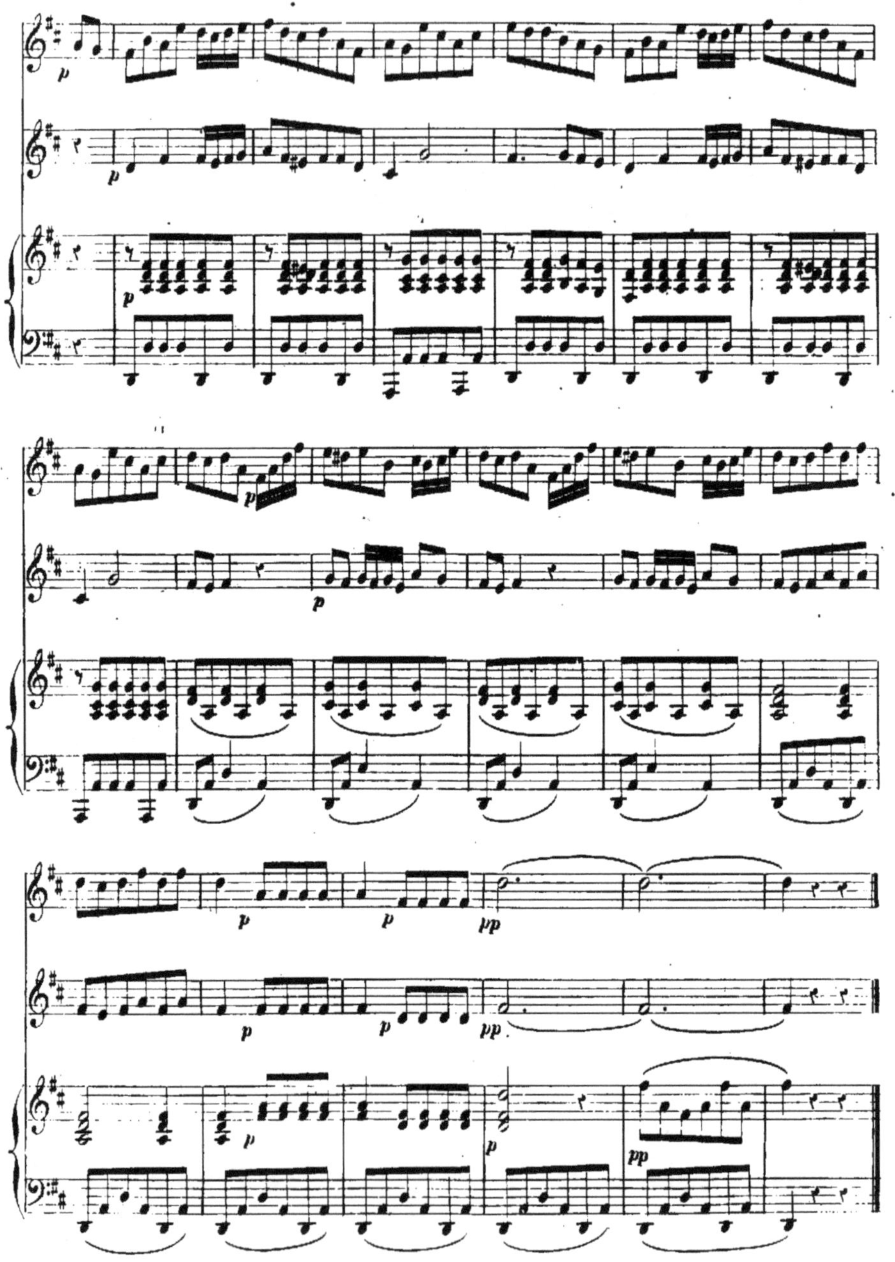
p
p
p
p
p
p
p
p
pp
p
p
pp
p
p
pp

MESURE À NEUF-HUIT.

La mesure à neuf-huit se bat à trois temps.

Une Blanche pointée et une Noire pointée liées ensemble, pour la mesure entière. — Une Noire pointée ou la valeur d'une Noire pointée pour un temps.

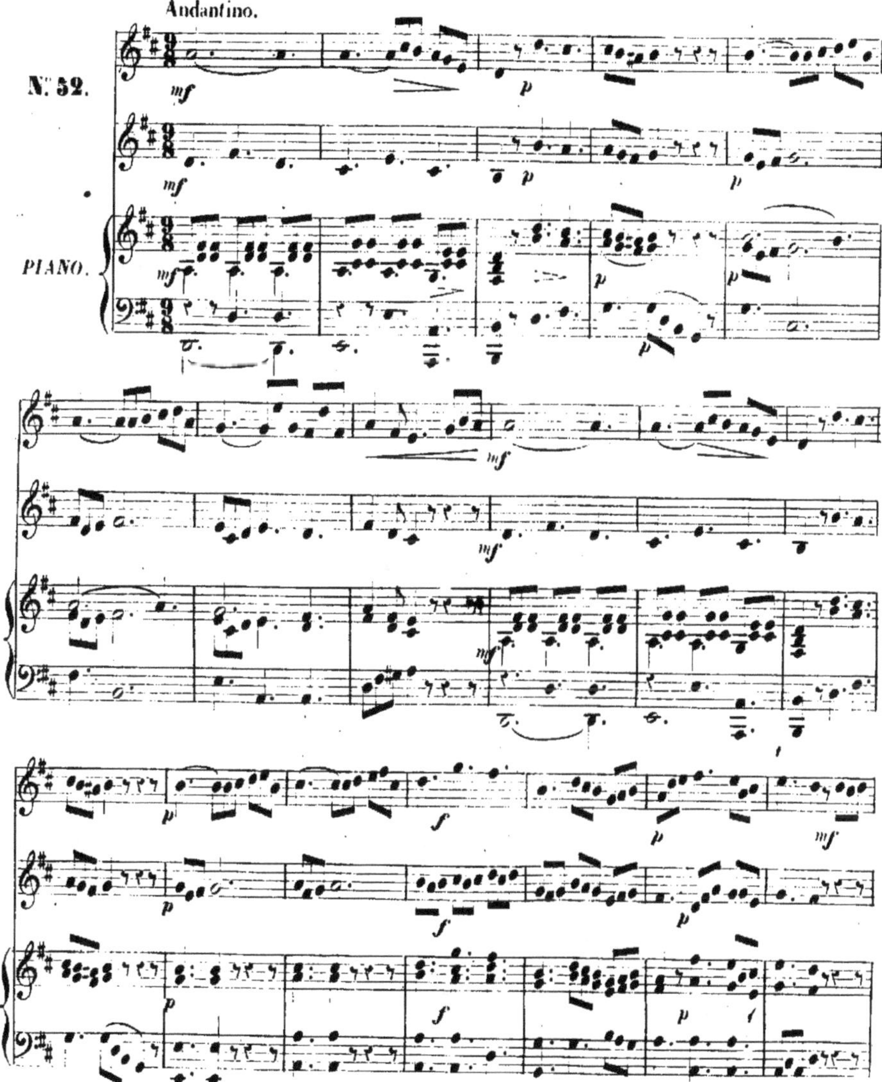

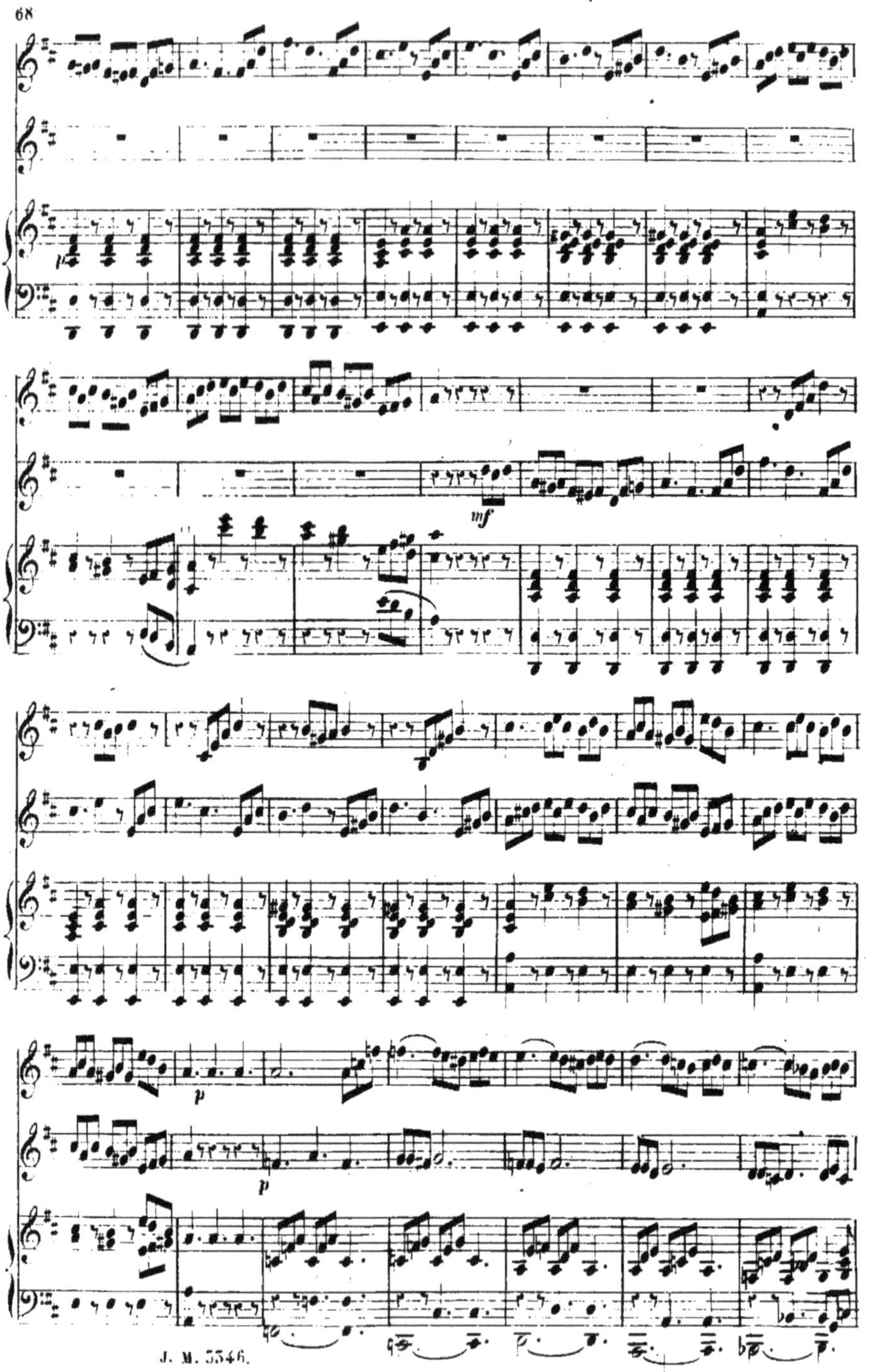
mf
p
p

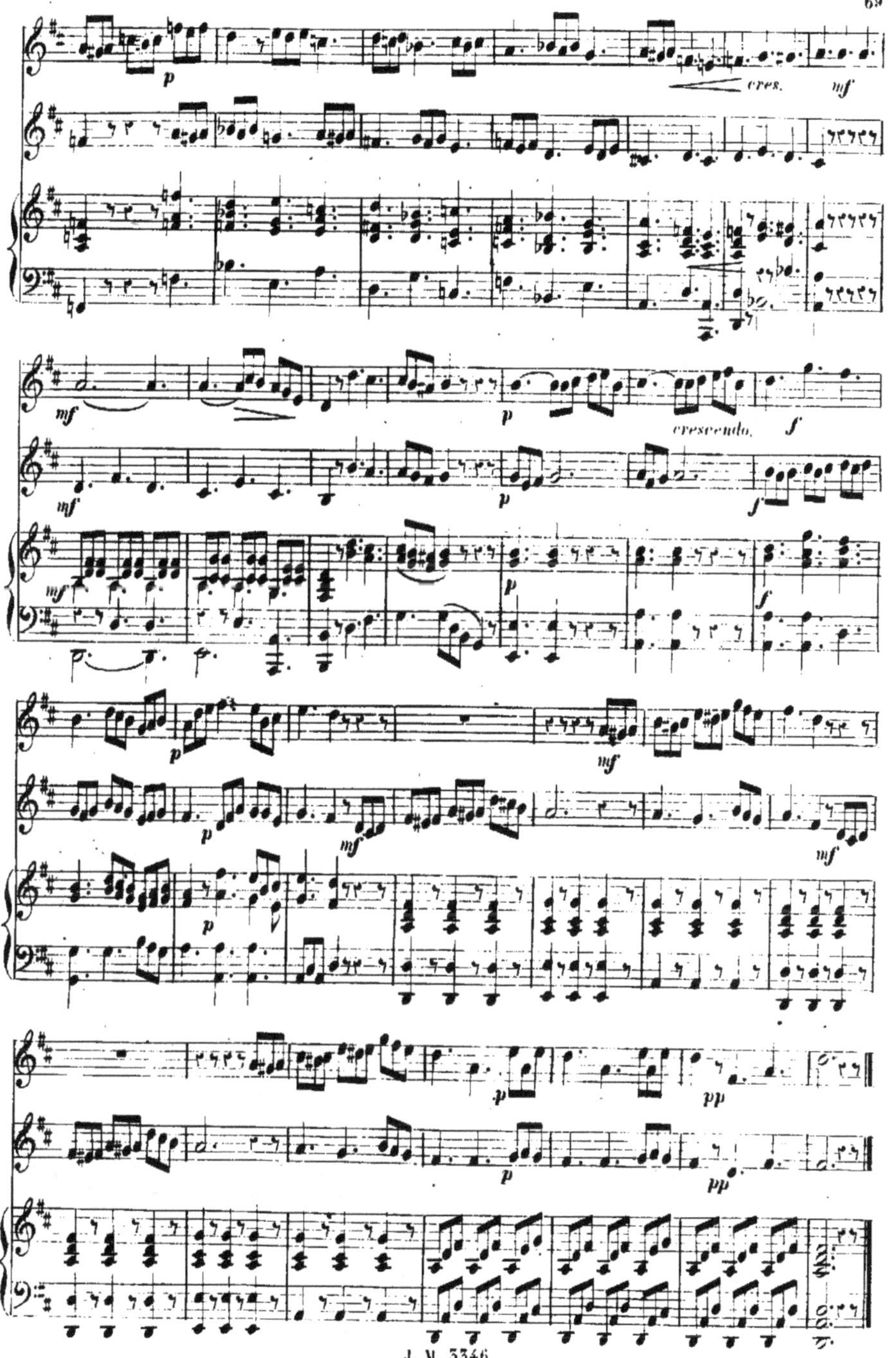
p
cres.
mf
mf
mf
p
p
crescendo.
f
f
f
p
p
mf
mf
mf
p
p
pp
pp

FUGUE.

N° 53.

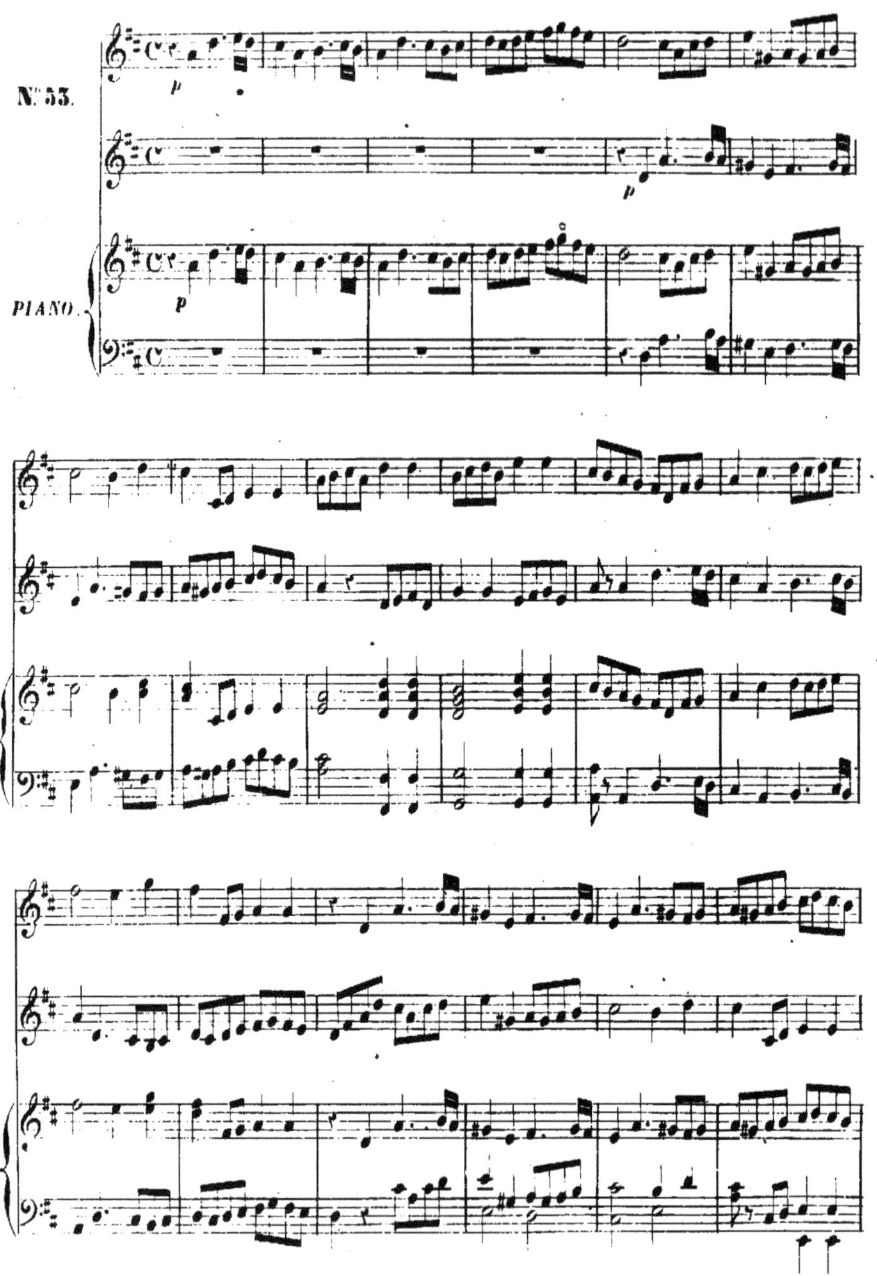

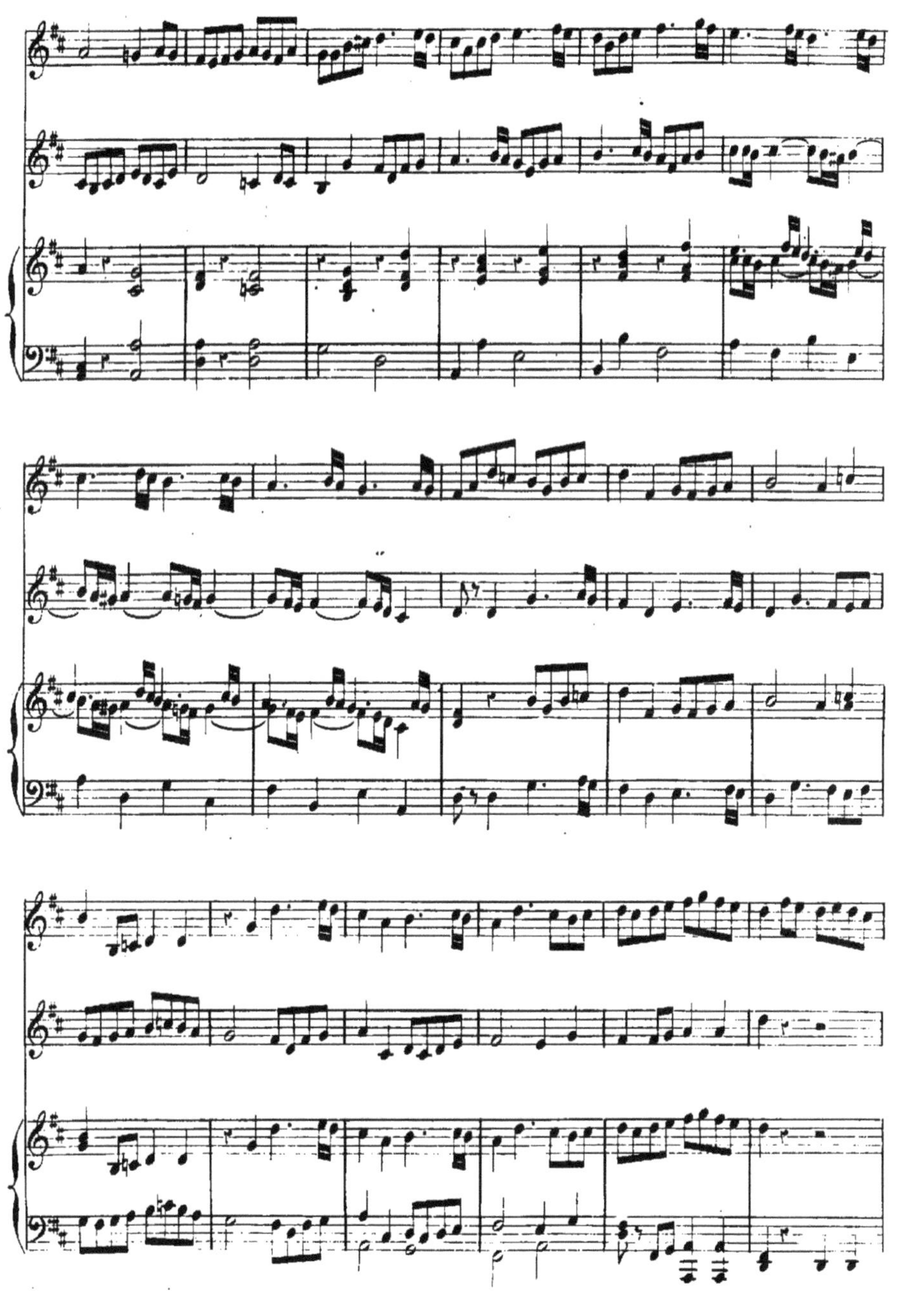

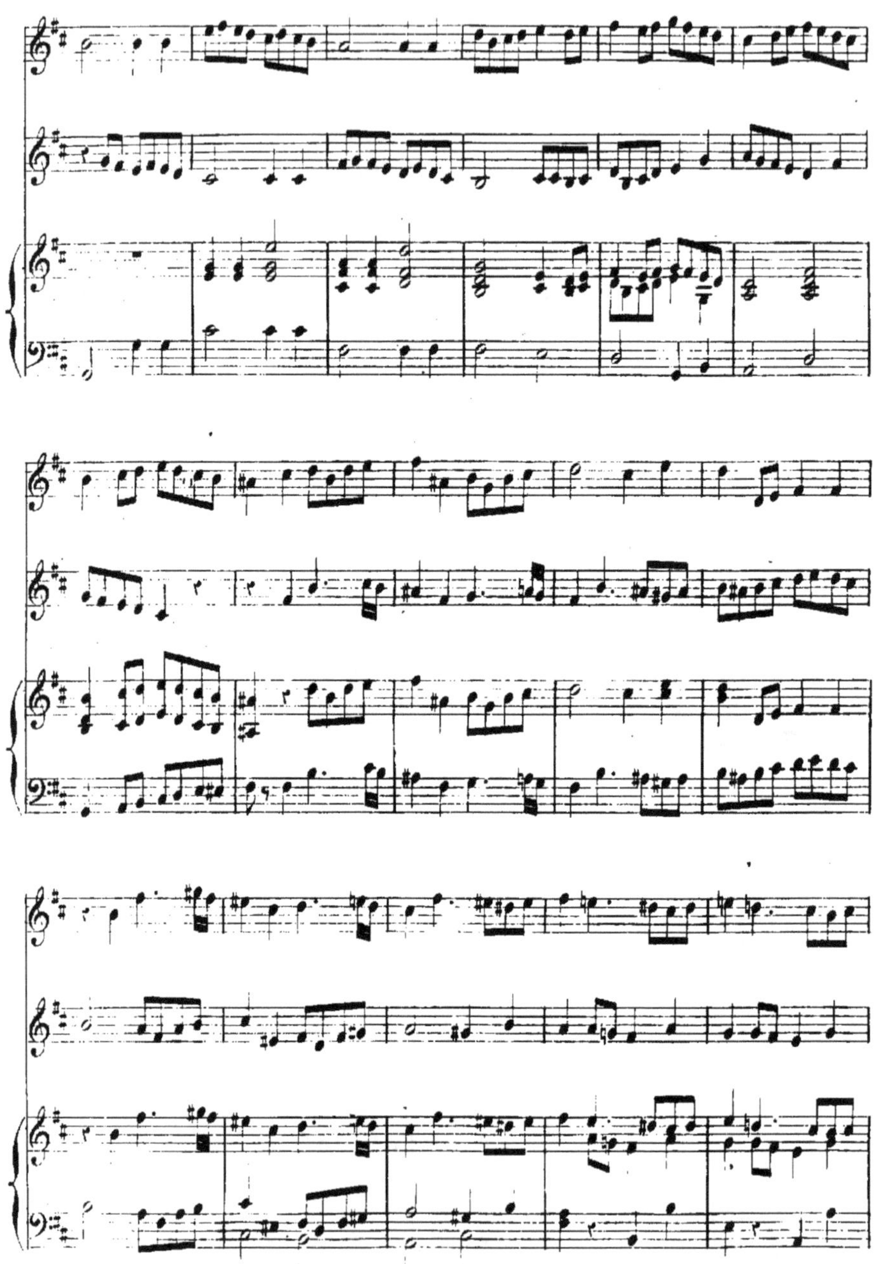

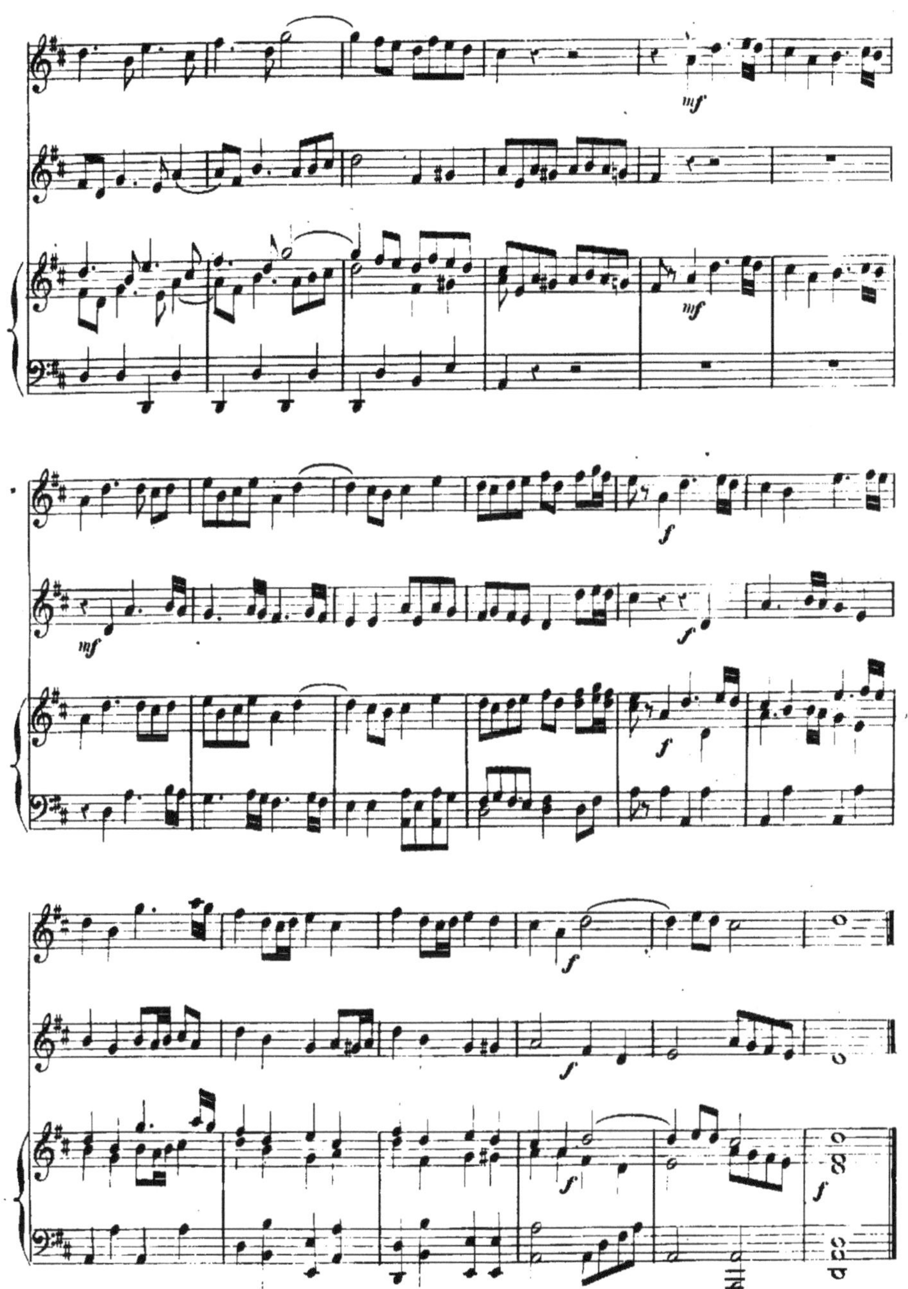

Ton de LA majeur.

MESURE A DOUZE-HUIT.

La mesure à douze-huit se bat à quatre temps.

Une Ronde pointée pour la mesure entière. — Une Noire pointée ou la valeur d'une Noire pointée pour un temps.

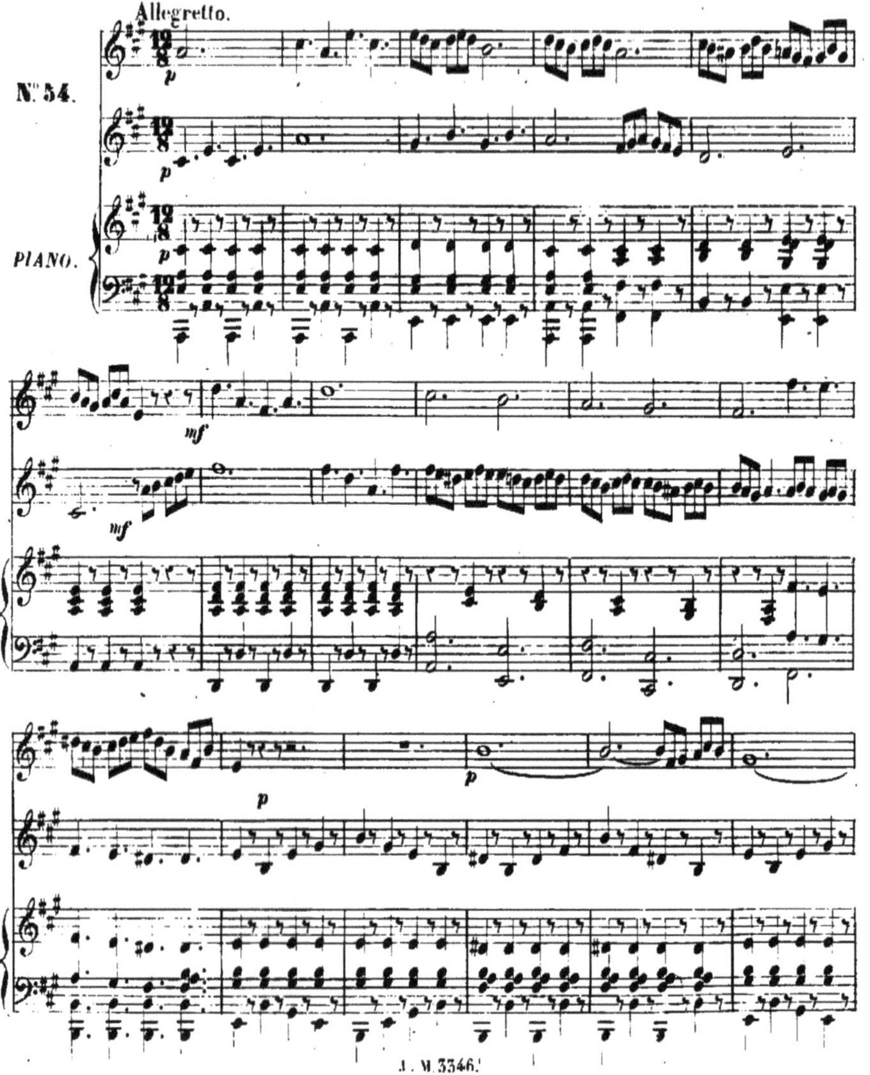

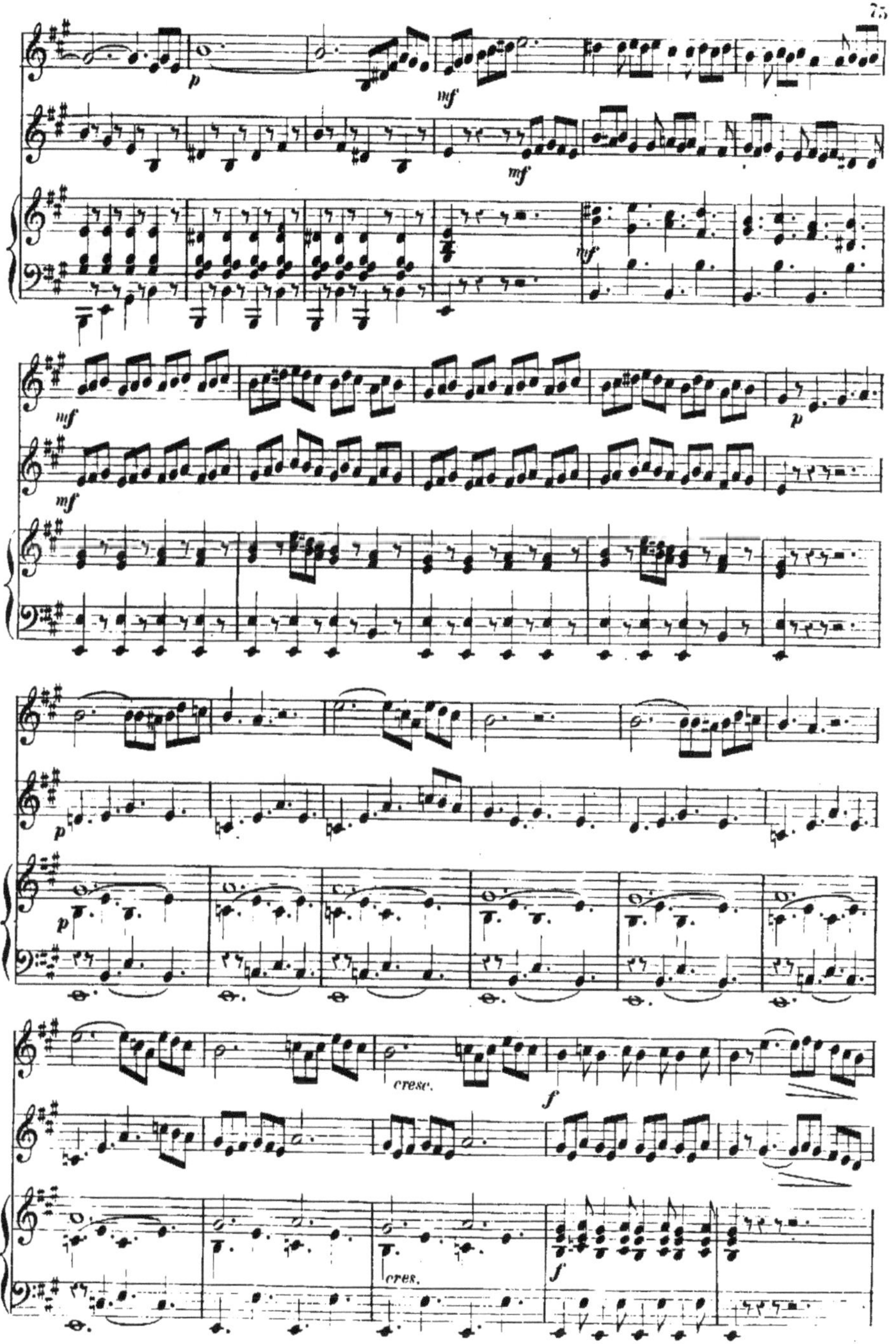
p
mf
mf
mf
mf
mf
p
p
p
cresc.
f
cres.
f

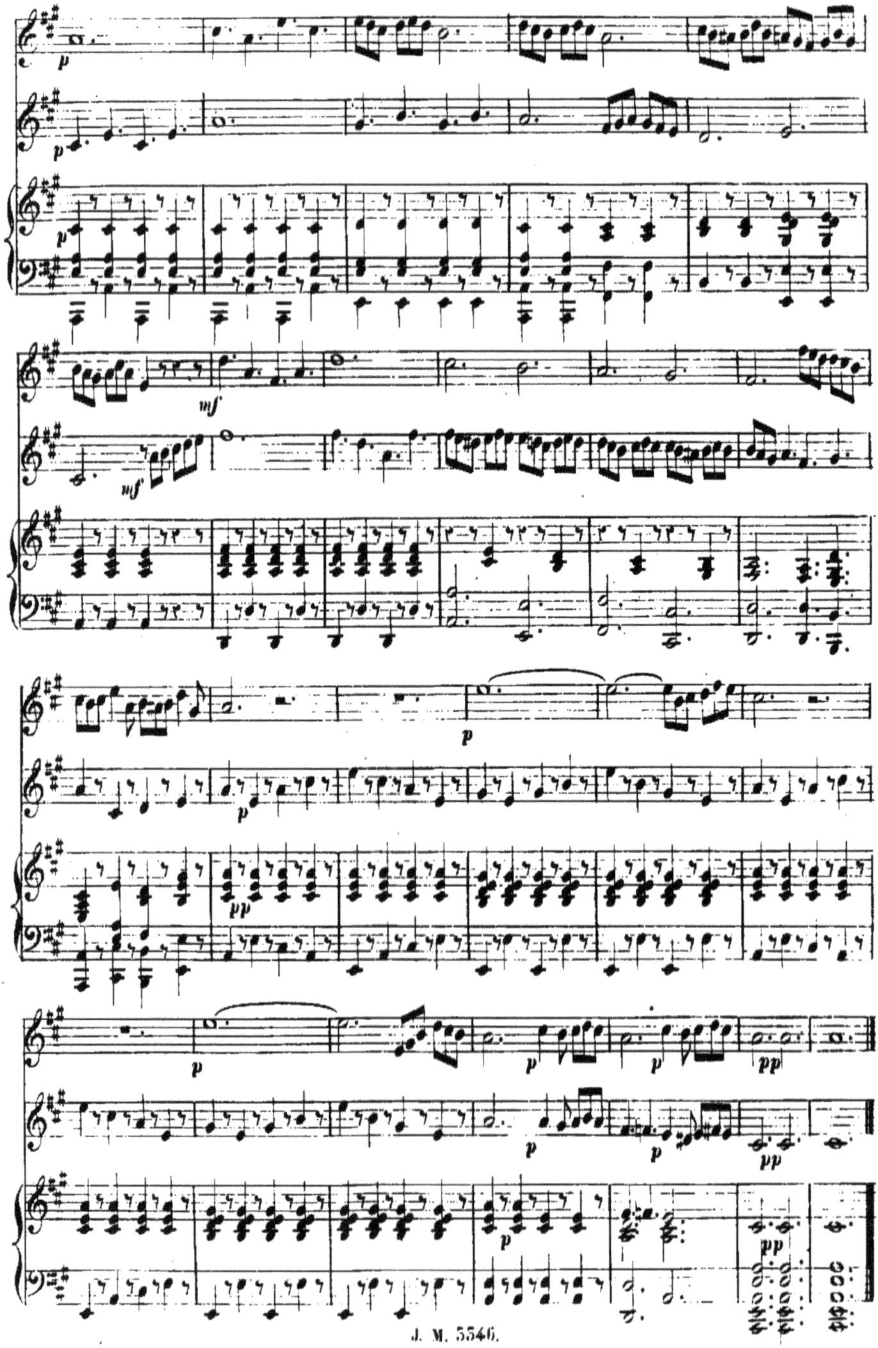
p
p
p
mf
mf
p
p
pp
p
p
p
p
p
pp
pp
p
pp

Ton de MI majeur.

Réunion des trois mesures composées: *six-huit, neuf-huit* et *douze-huit.*

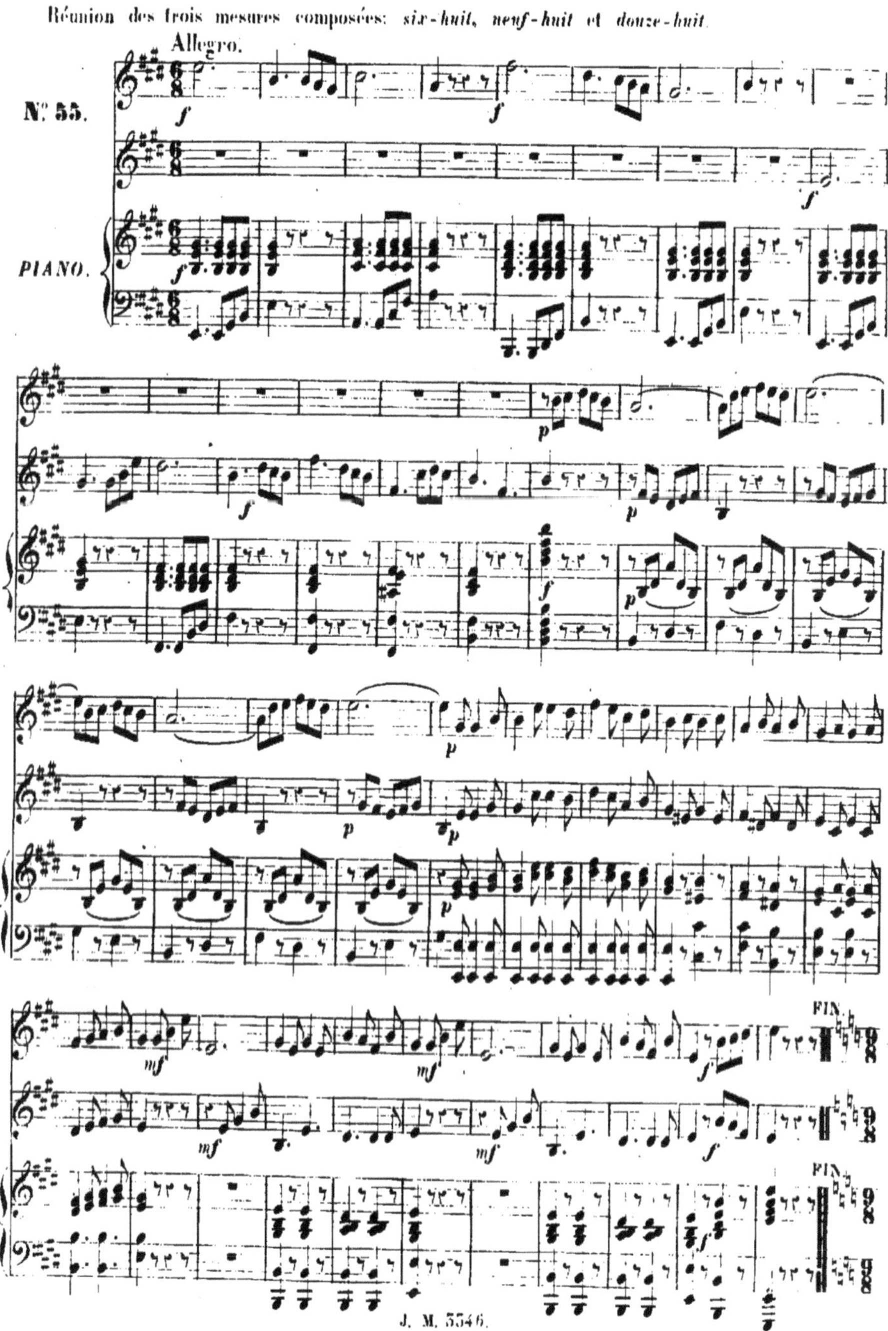

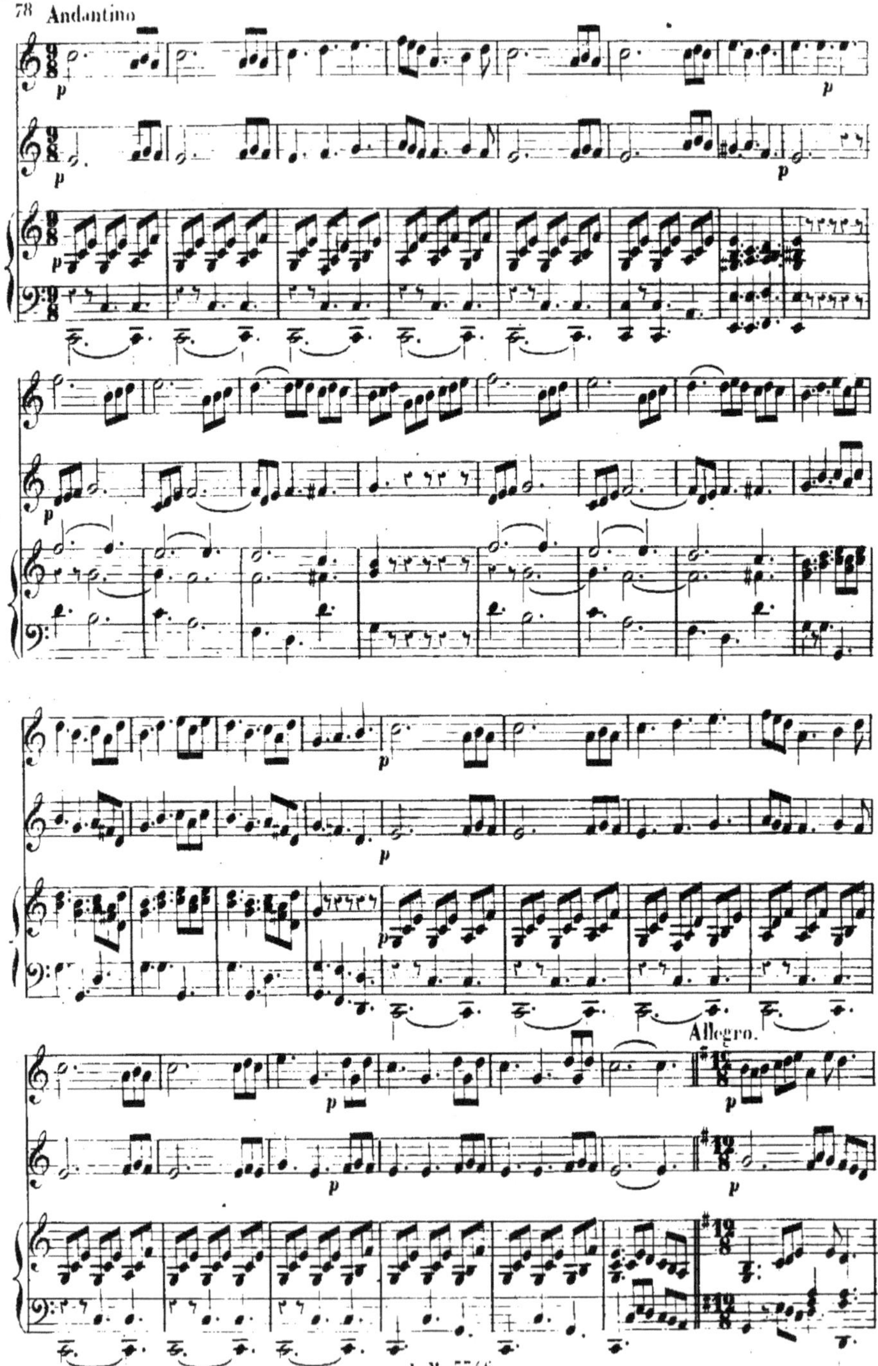
Andantino
p
Allegro.

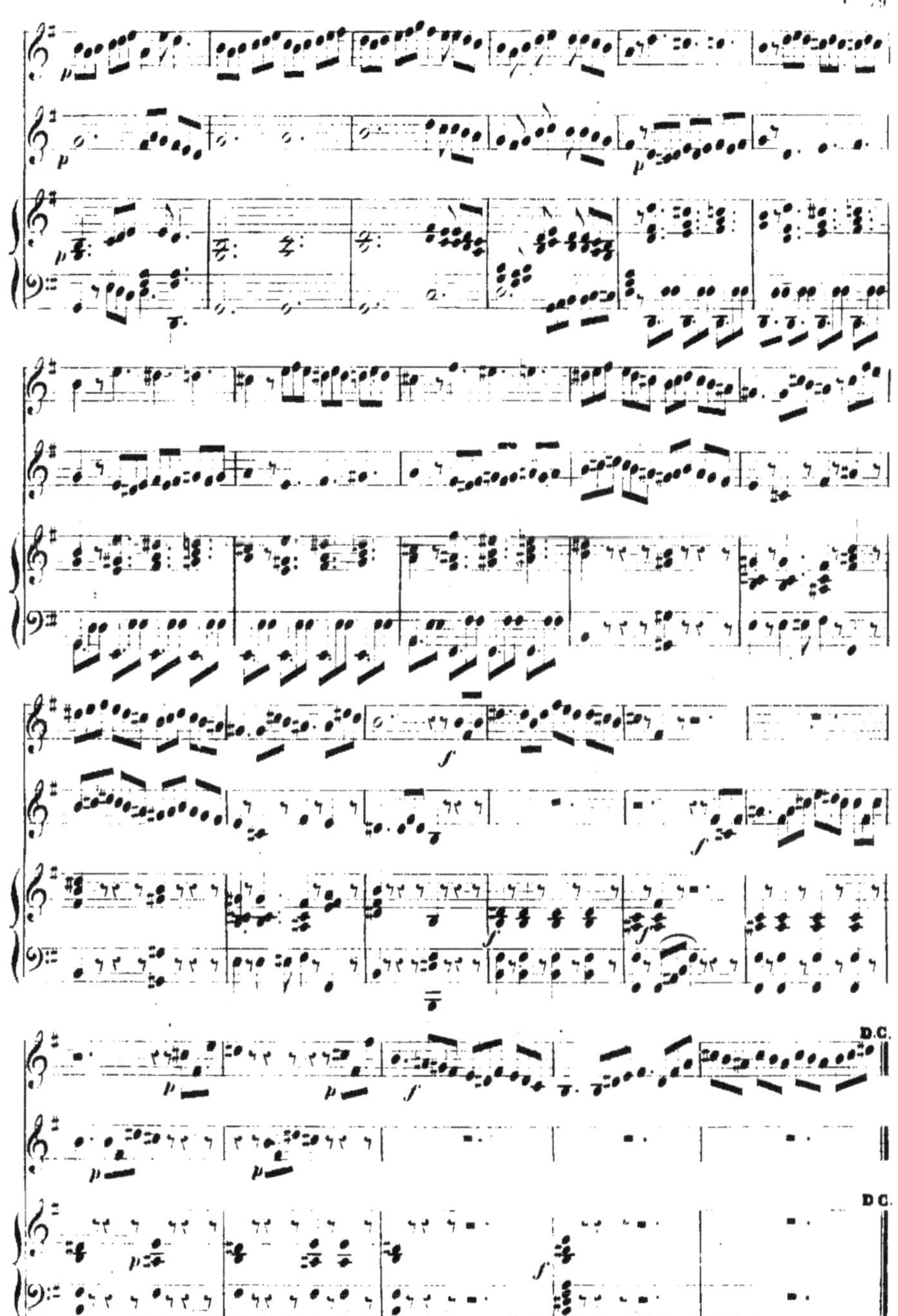
p
p
p
f
f
f
D.C.
p
p
f
p
p
f
D.C.

Ton de si majeur.

CANON.

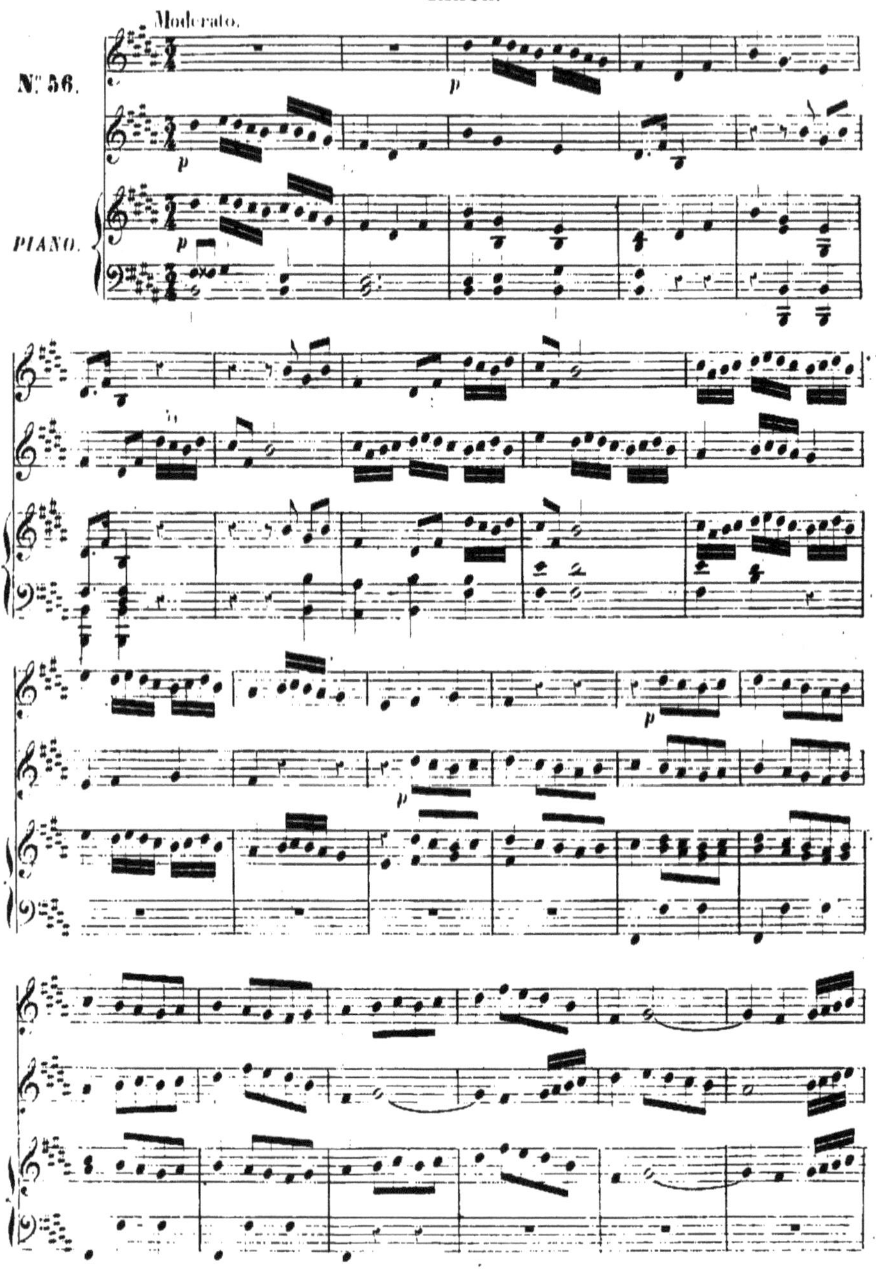

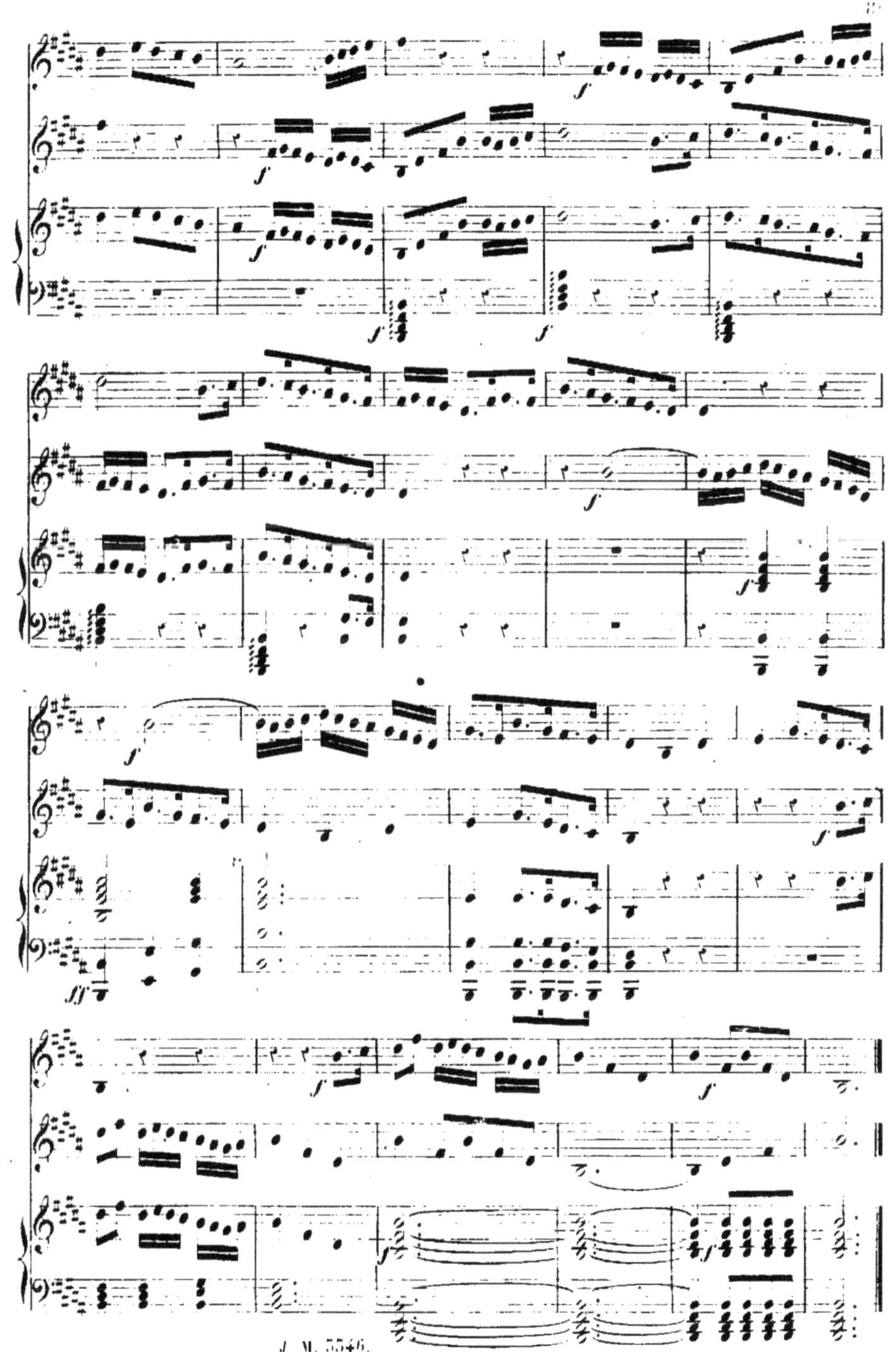

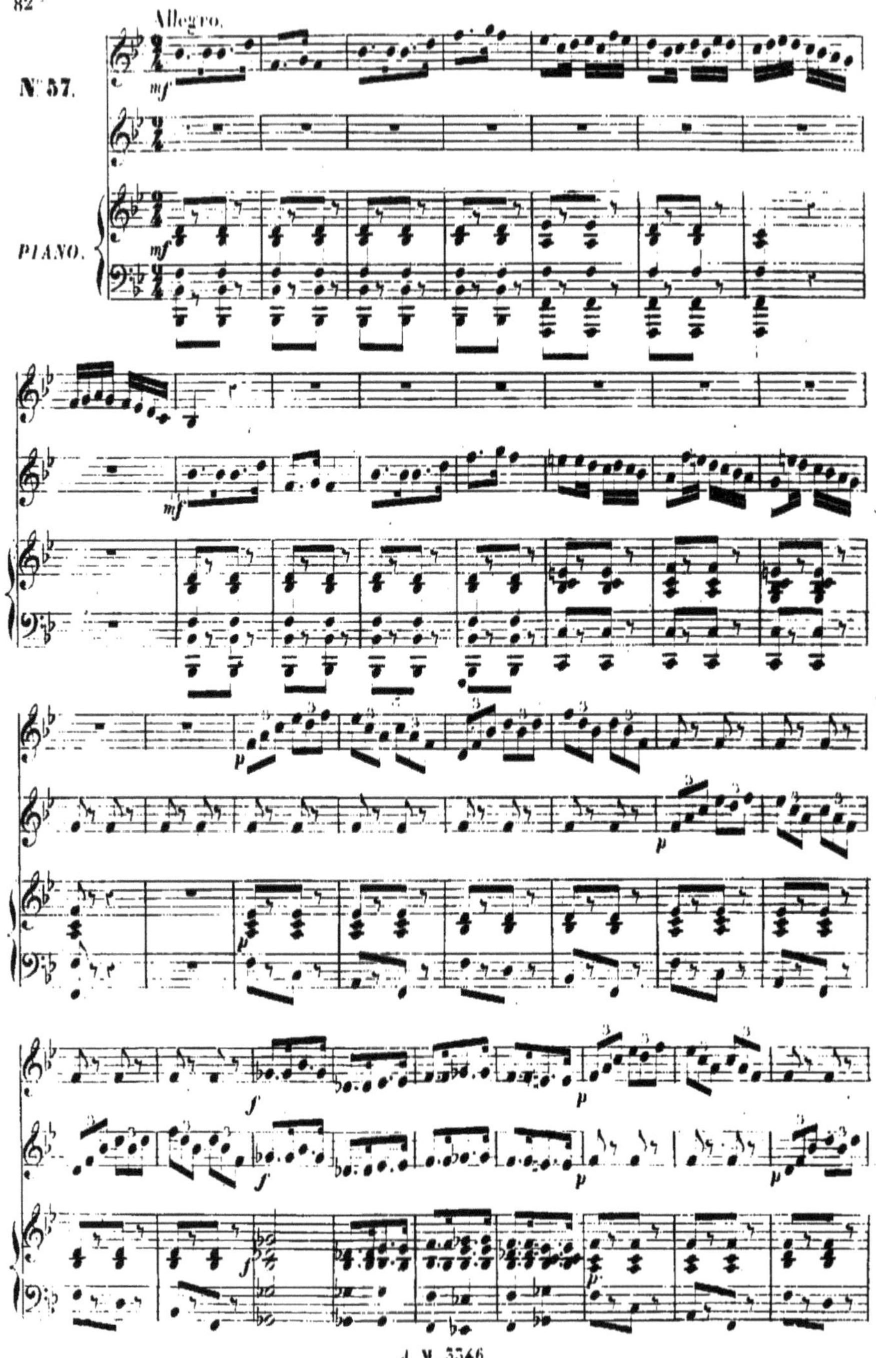
Allegro.
Nº 57.
mf
PIANO.
p
f

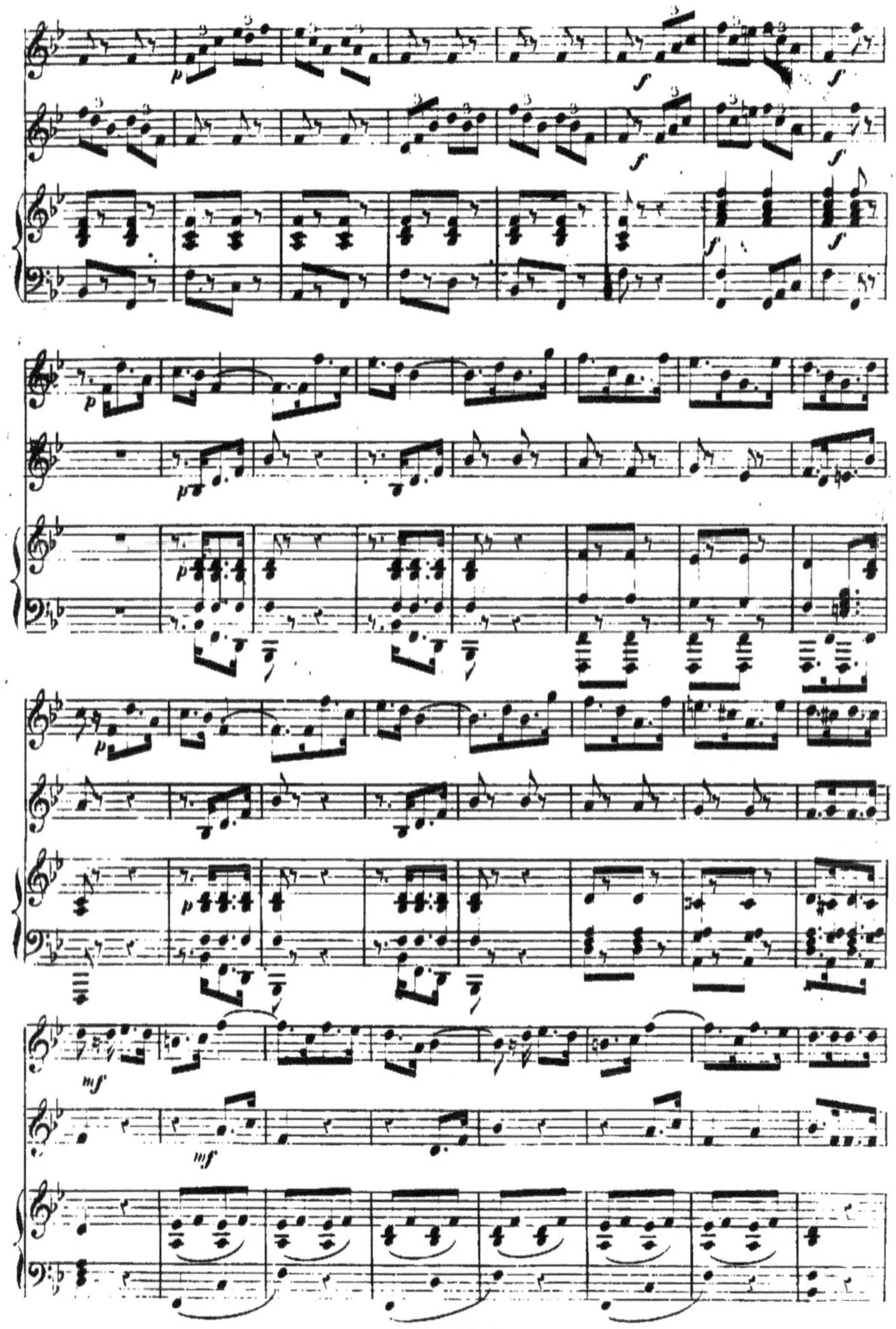
p
f
mf

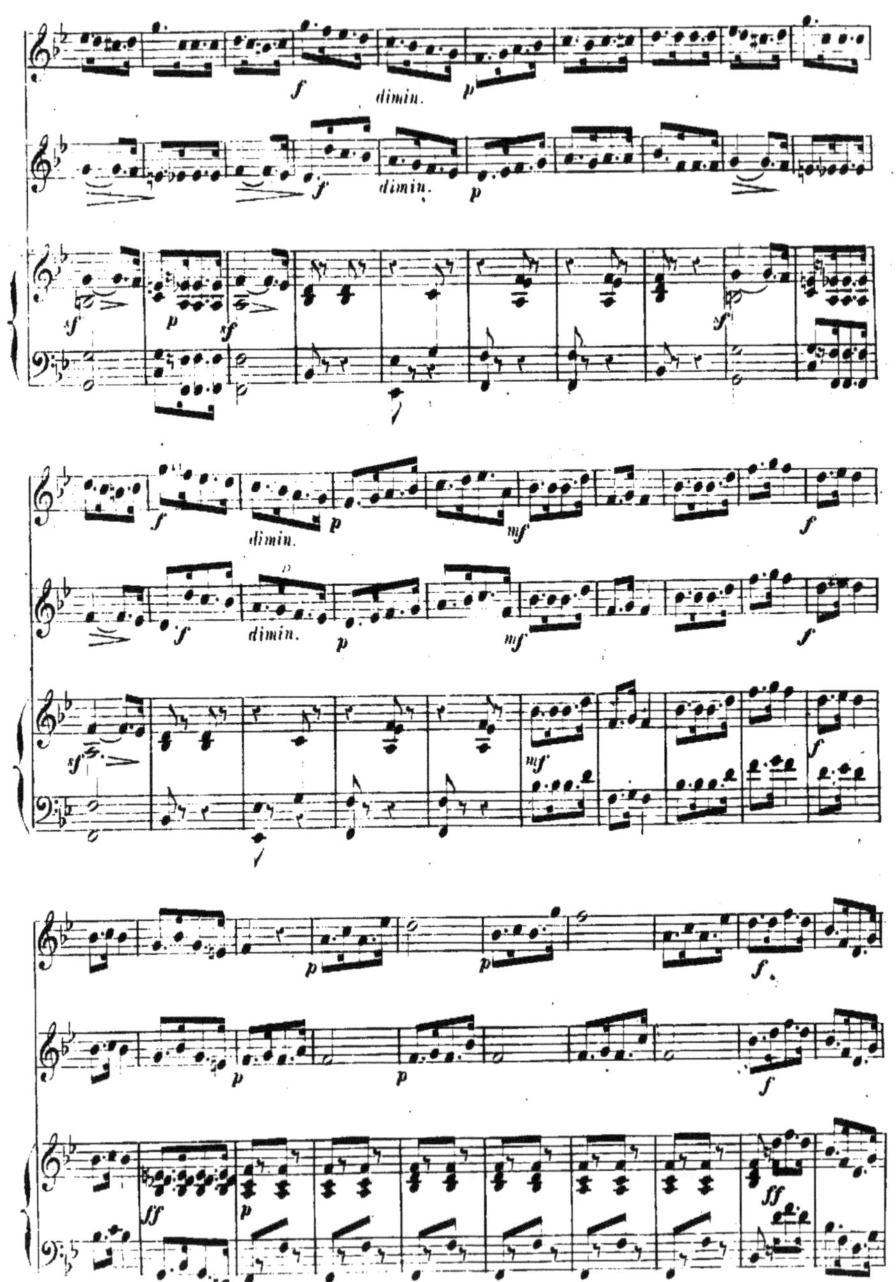
f
dimin.
p
dimin.
sf
mf
ff

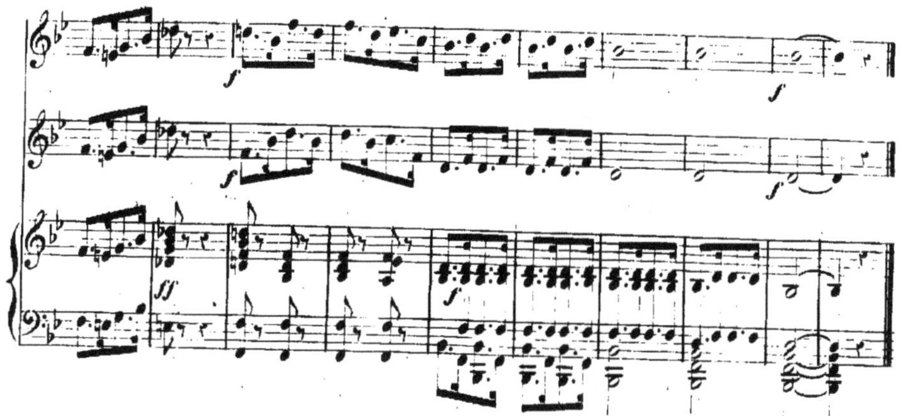

Ton de MI bémol majeur.

Exercice sur le Sextolet ou double triolet. — Un Sextolet de Doubles-Croches pour un temps.

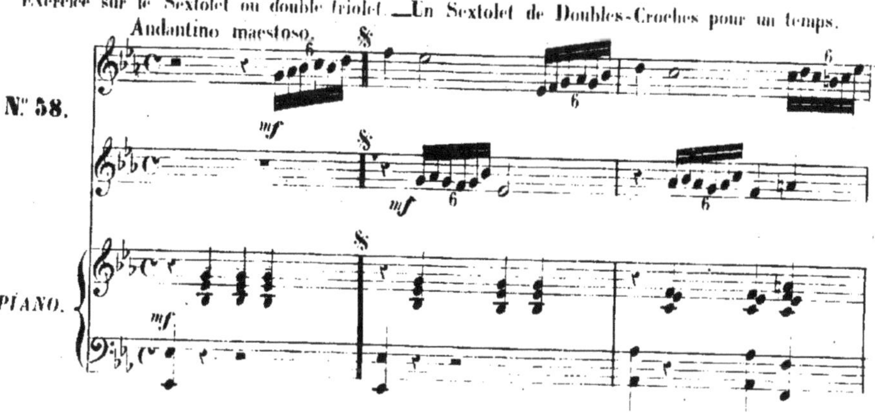

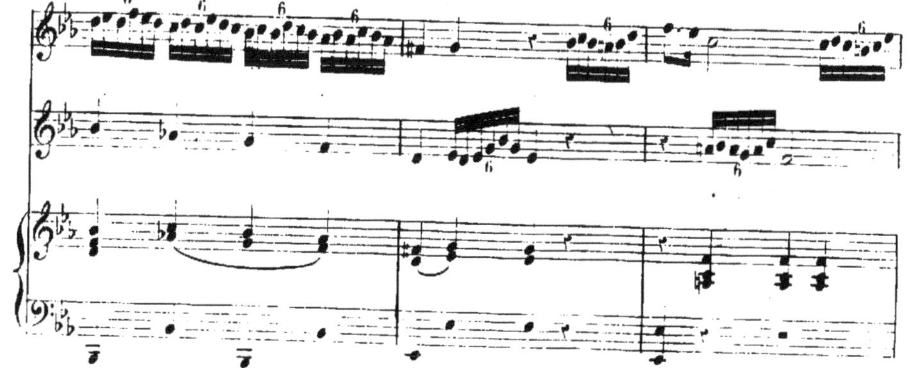

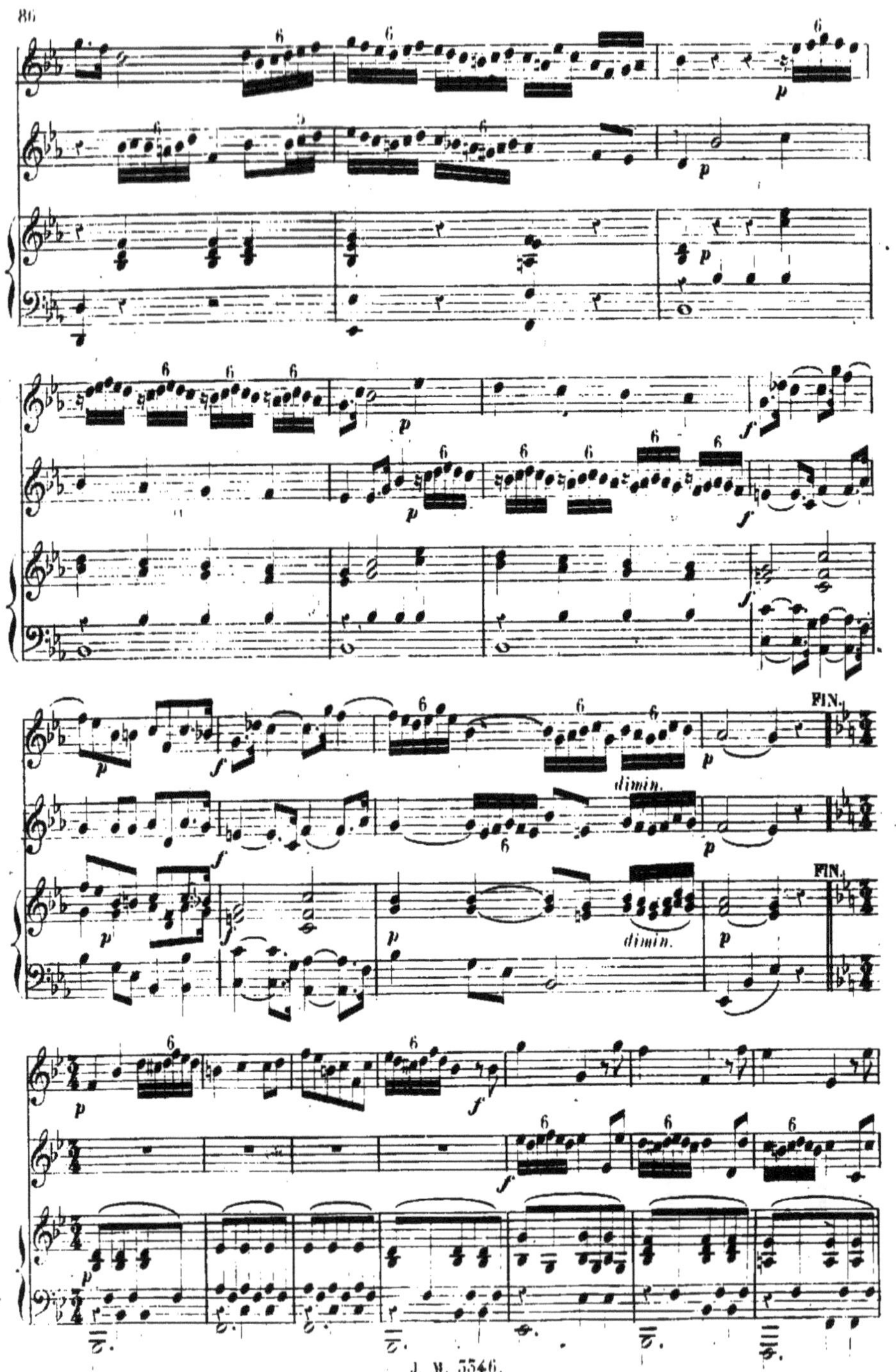
p
f
dimin.
FIN.

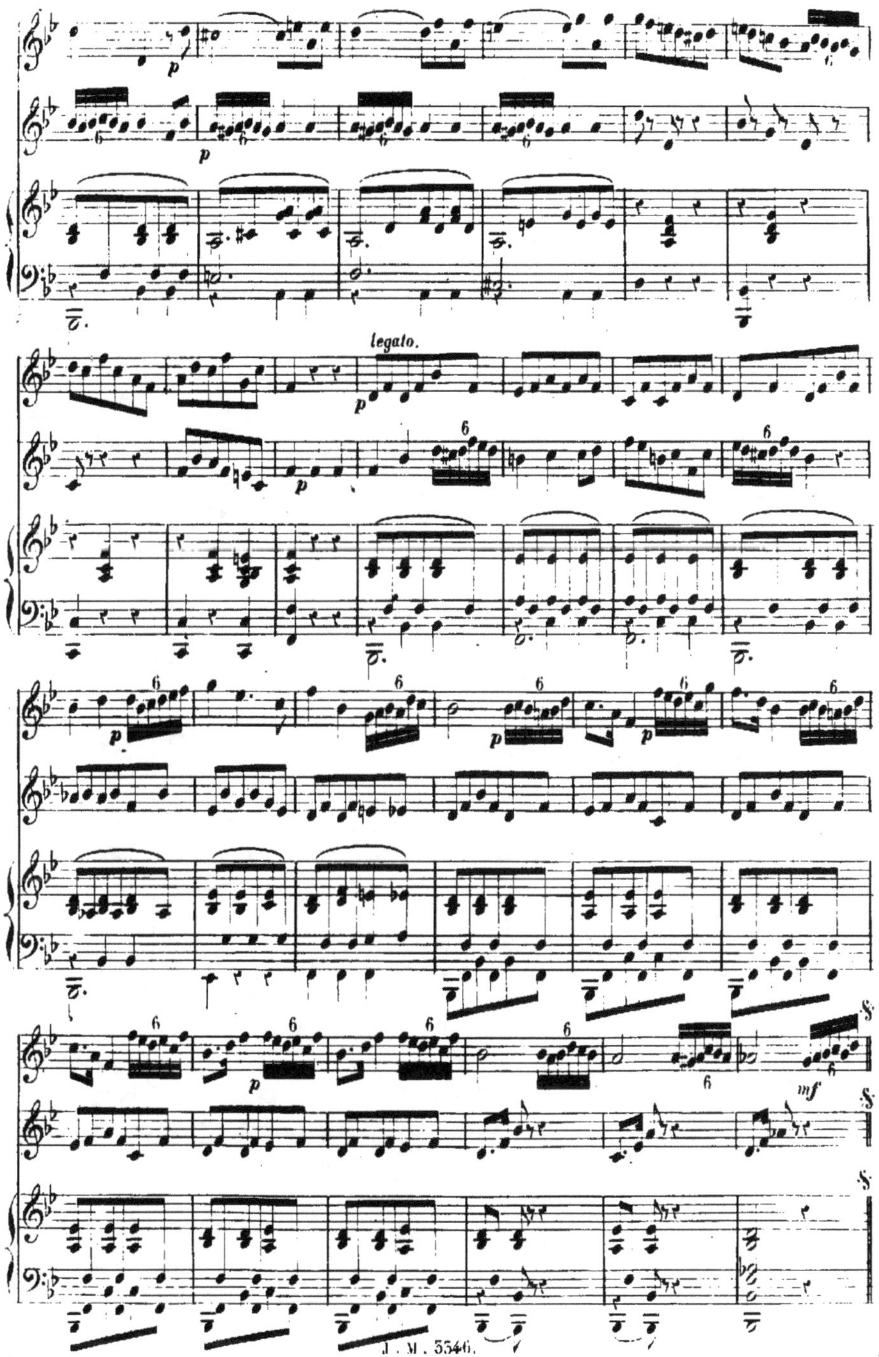
legato.
p
mf

Ton de LA bémol majeur

FUGUE.

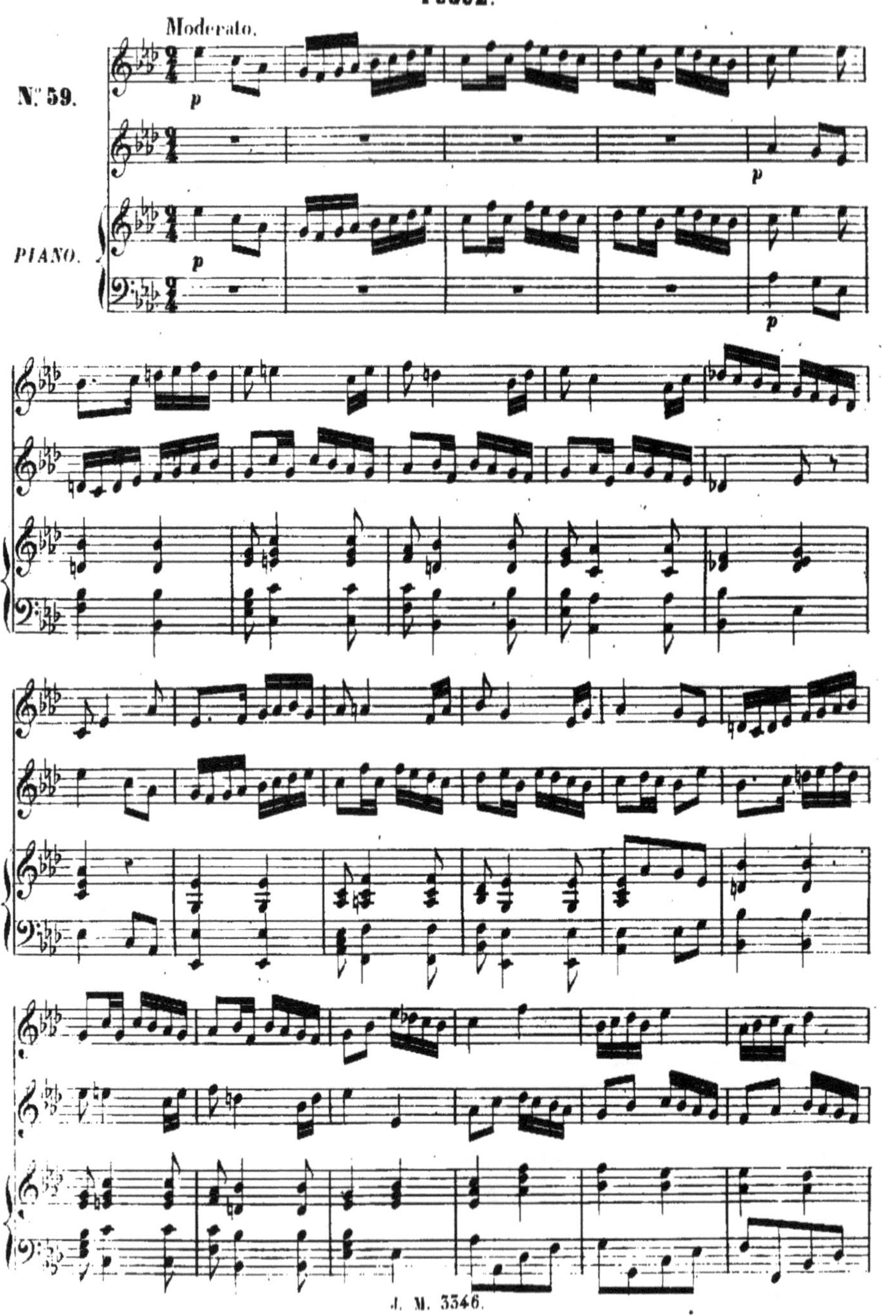

J. M. 3346.

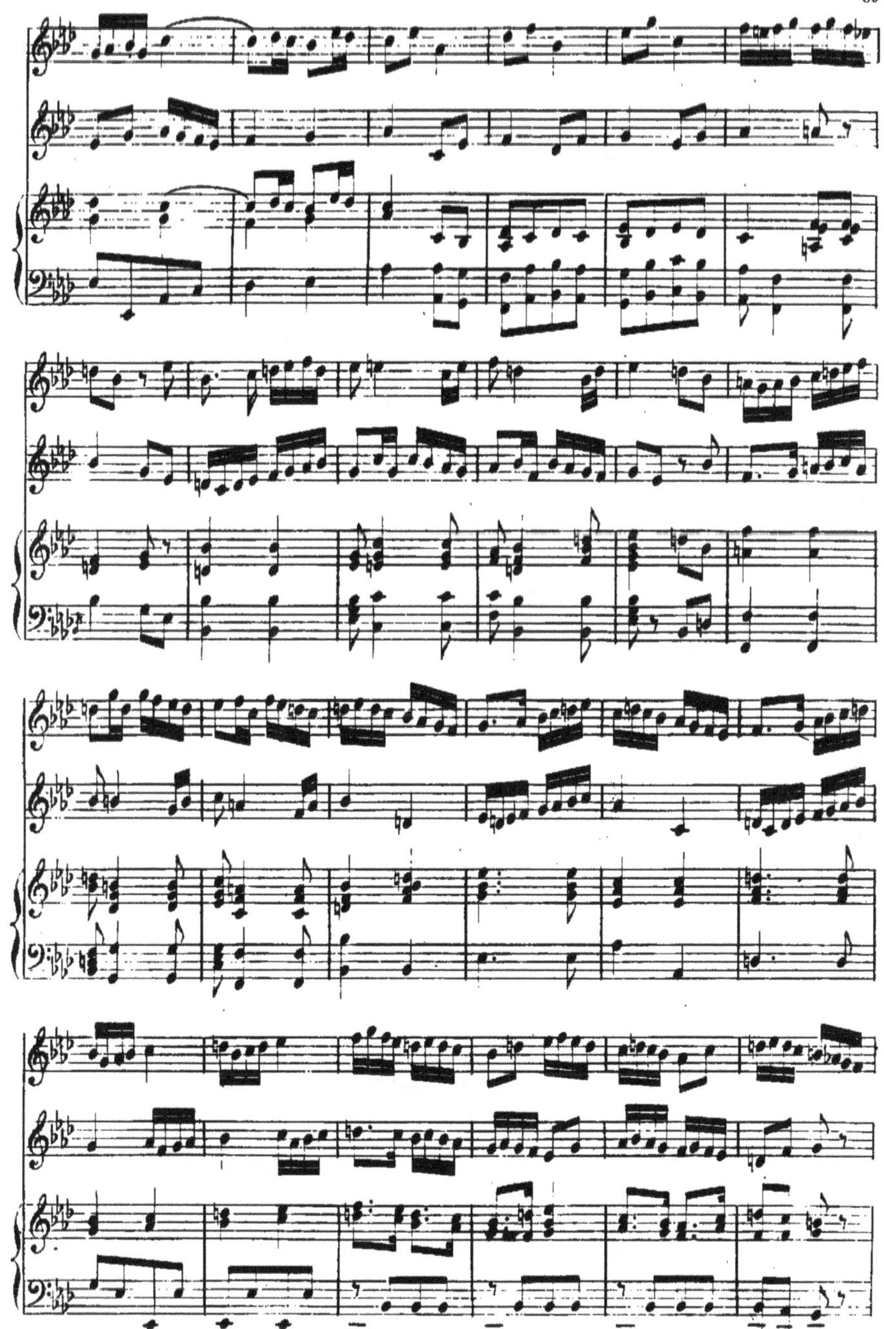

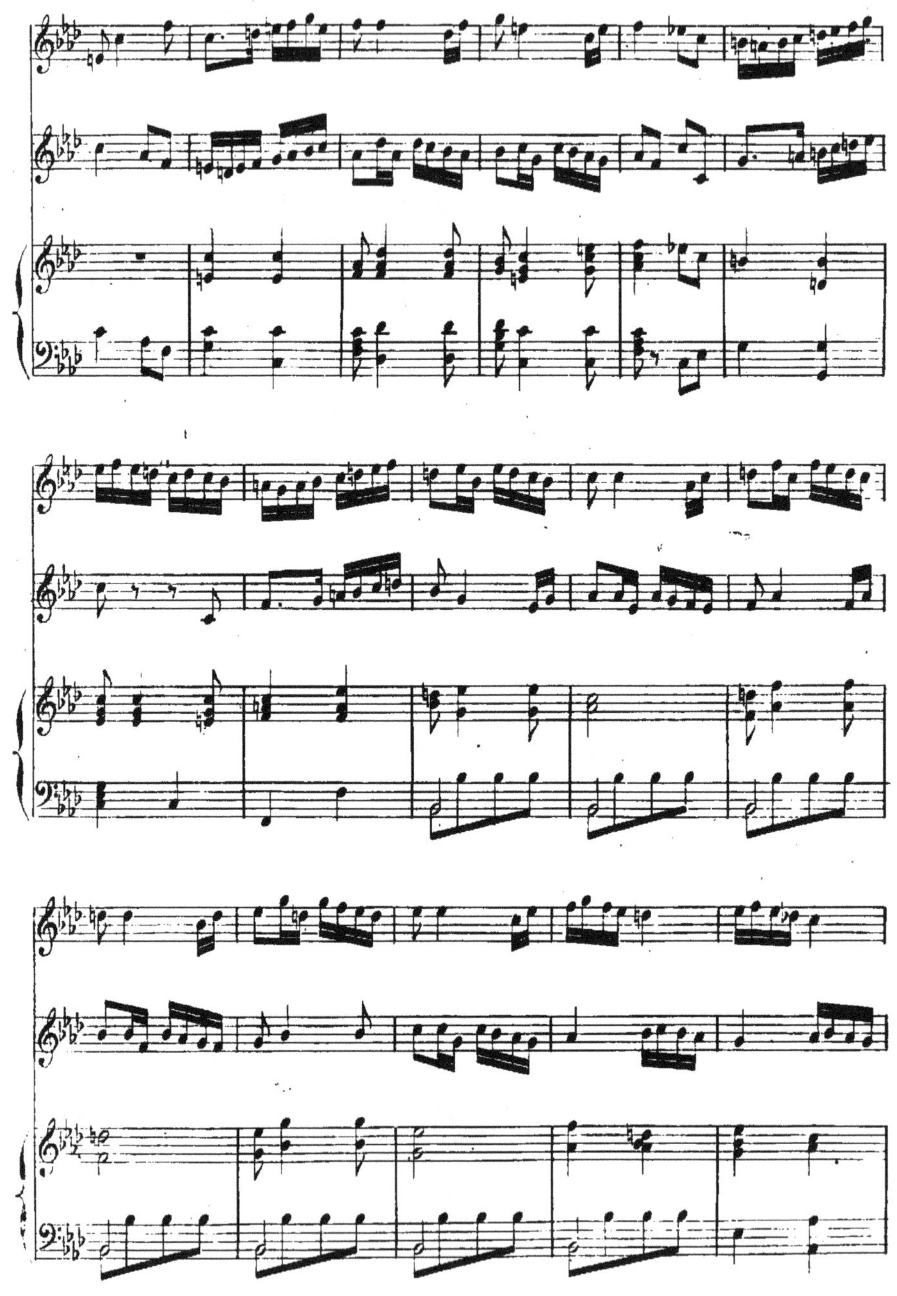

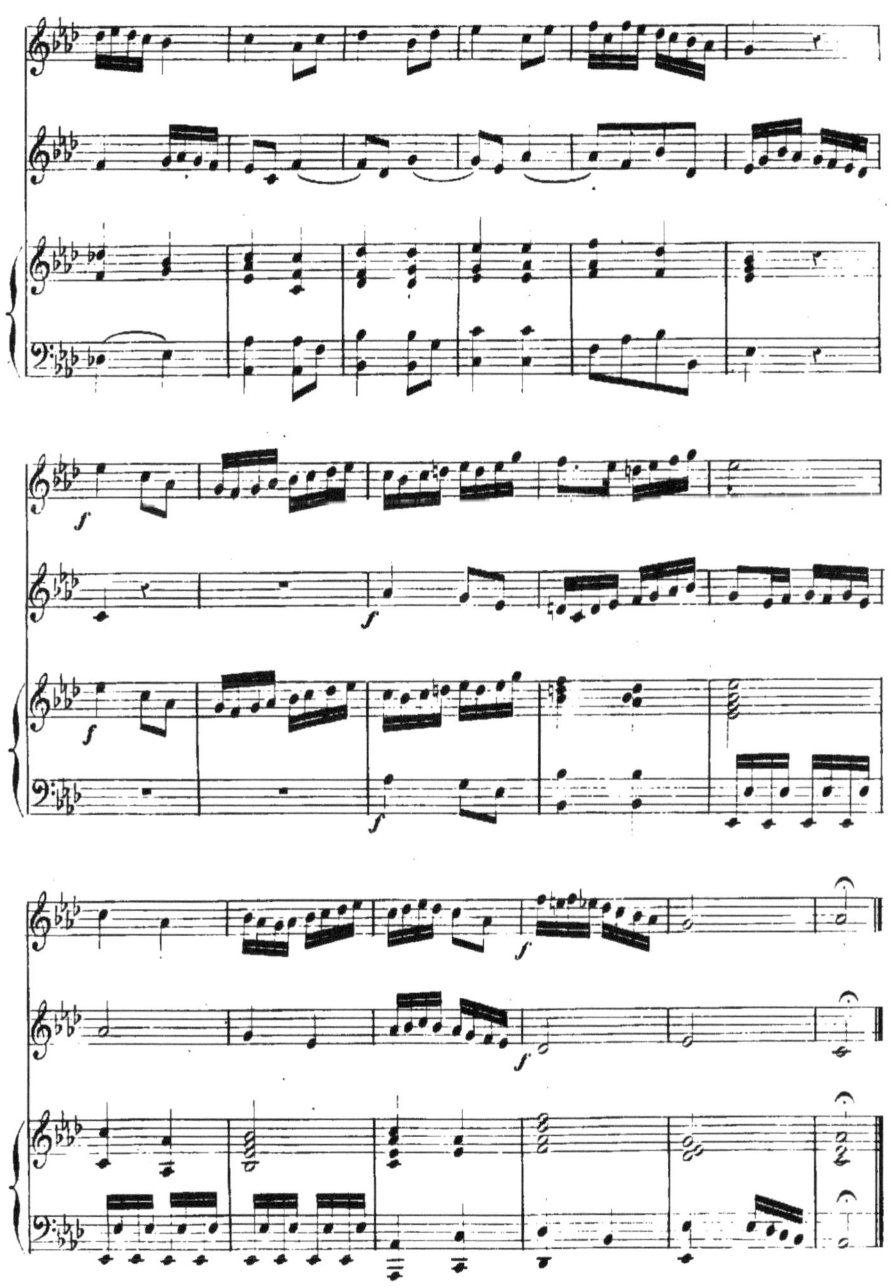

Ton de RE bémol majeur.

N° 60.

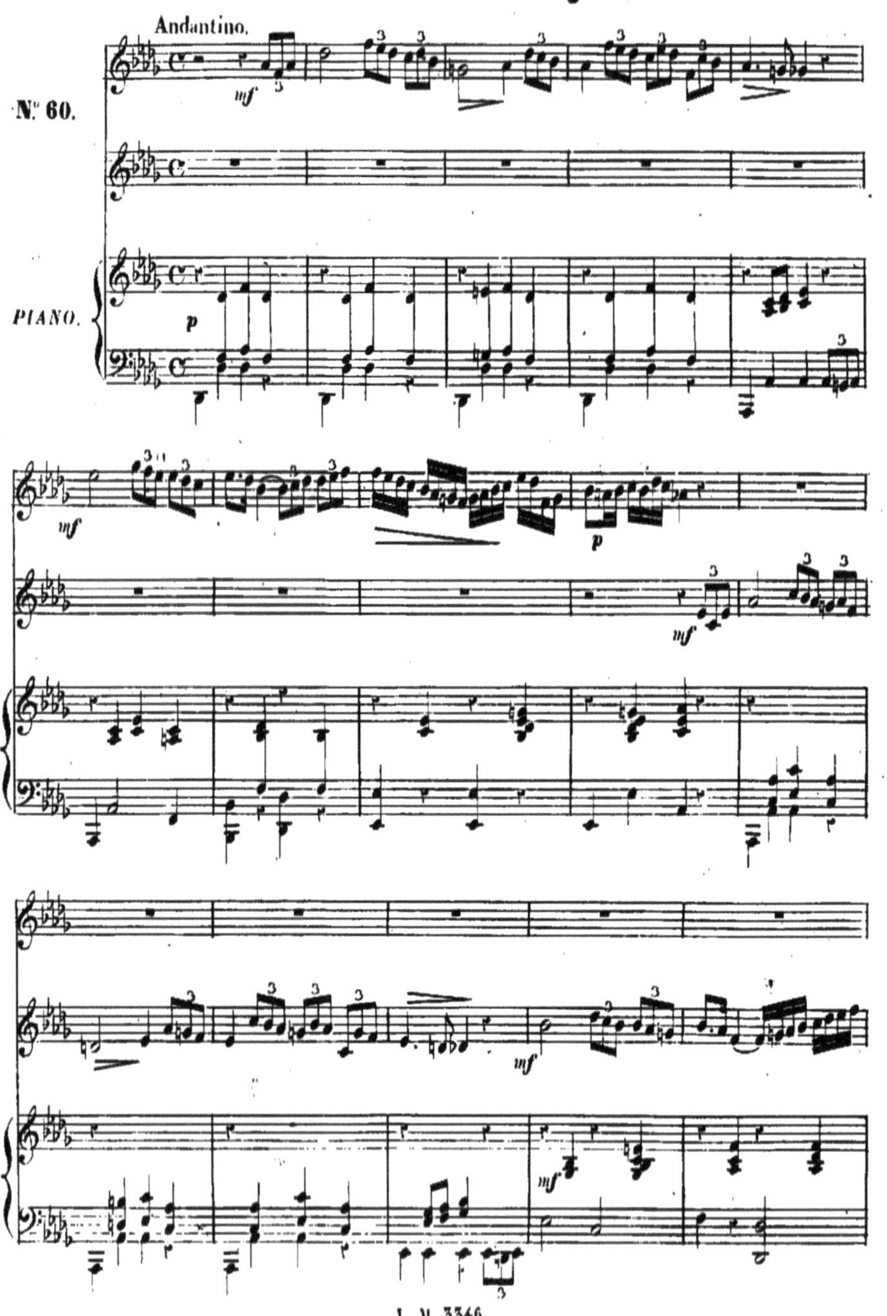

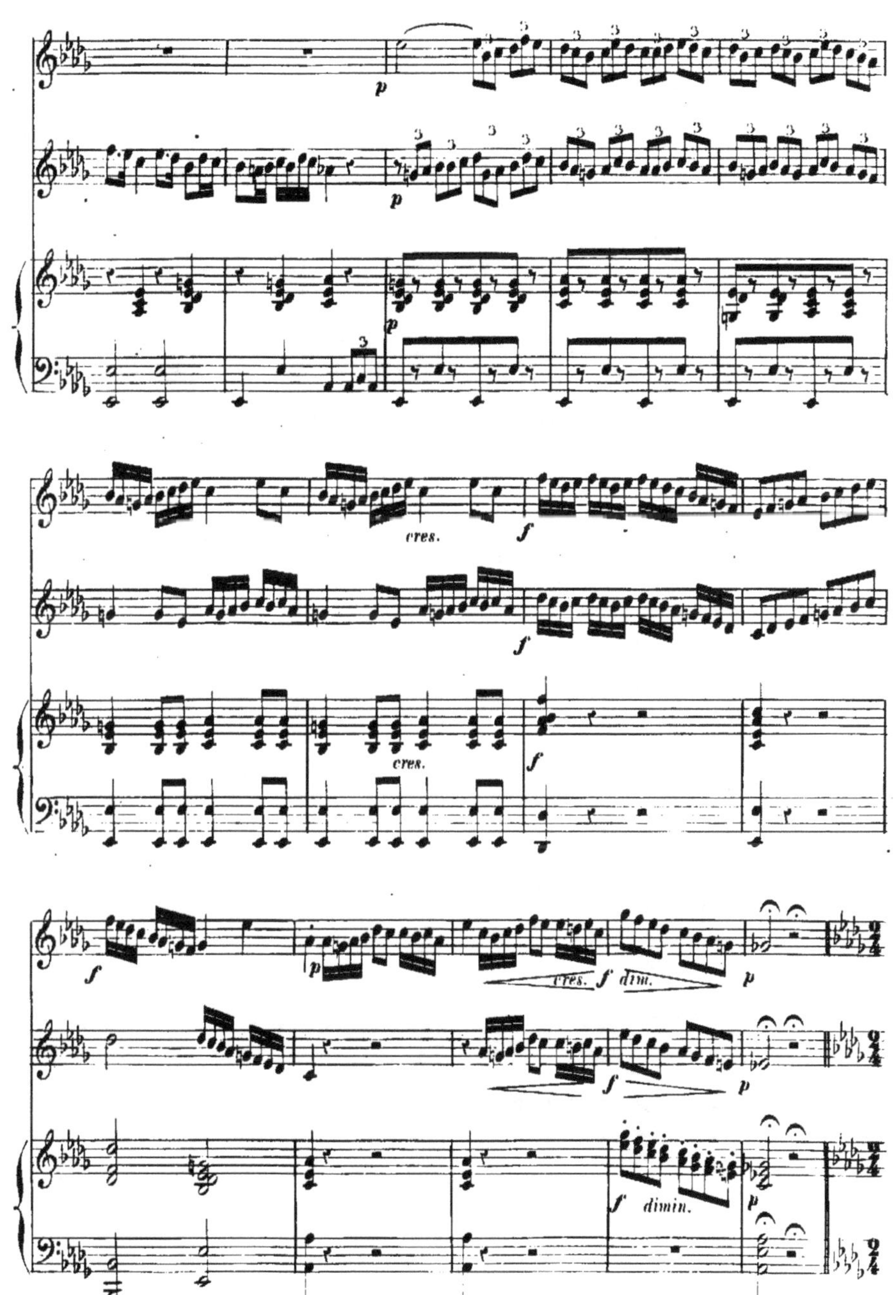
p
p
p
cres.
f
f
cres.
f
f
f
p
cres. f dim.
p
f
p
f dimin.
p

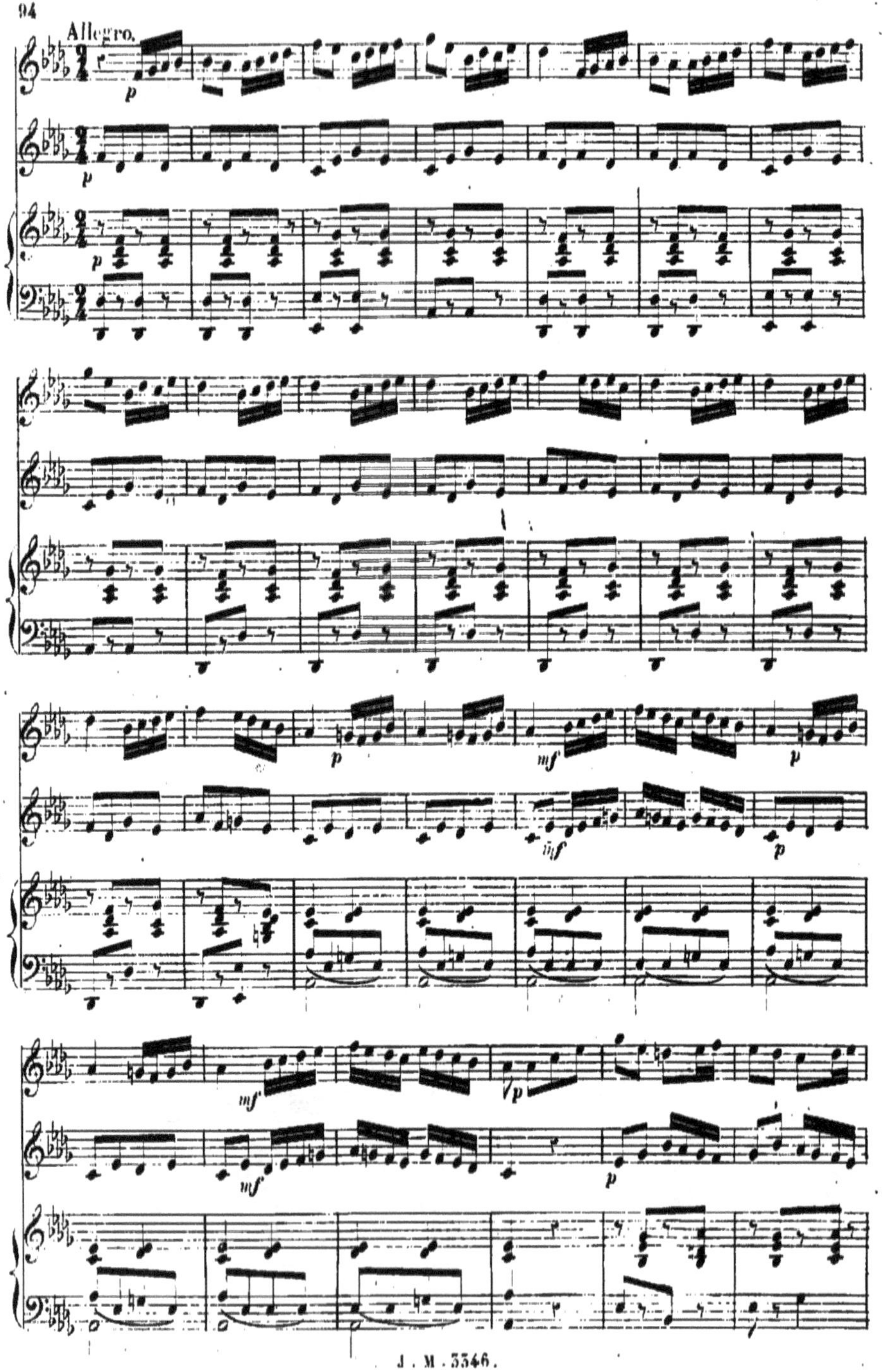
Allegro.
p
mf

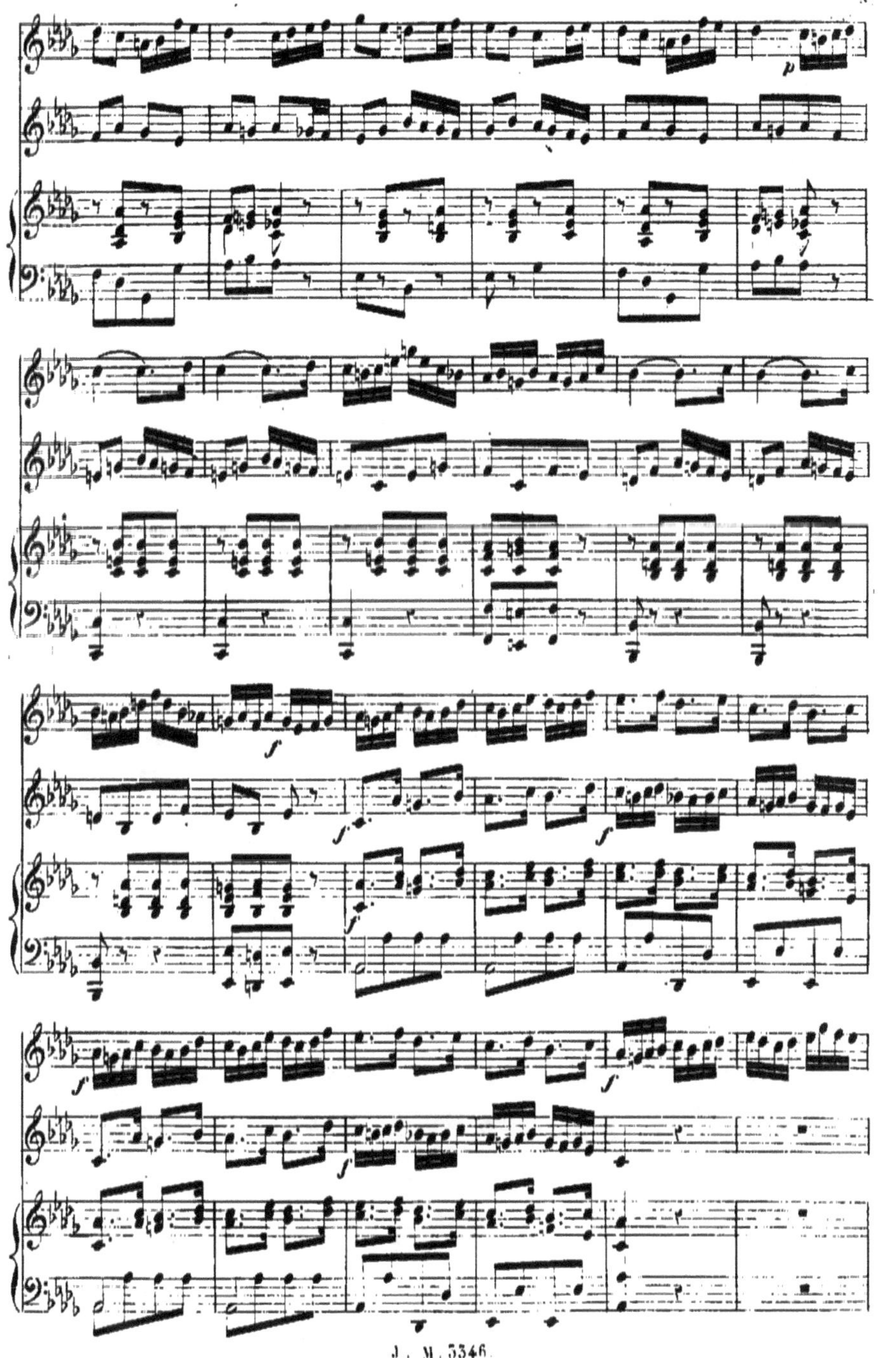

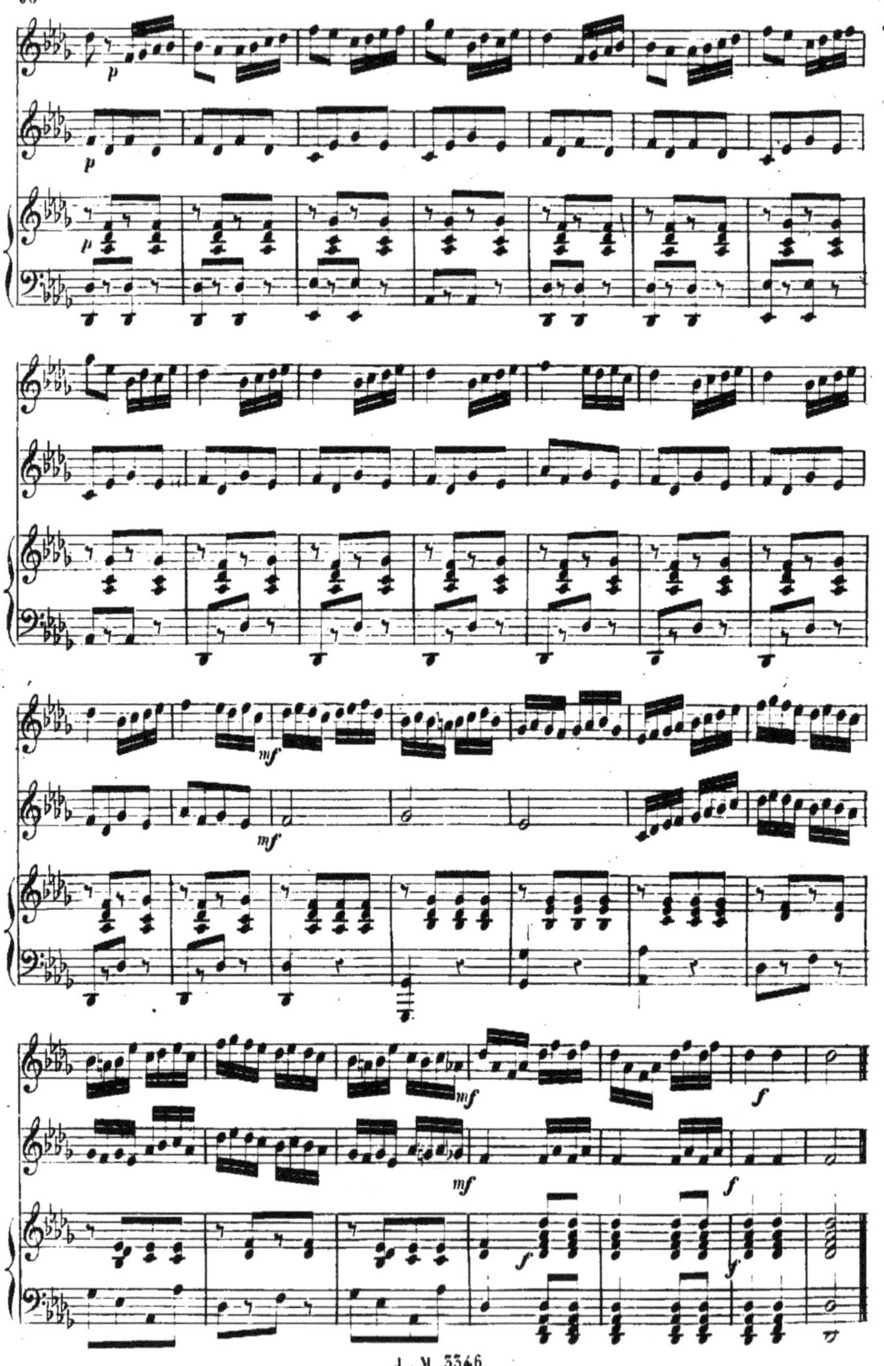
p
p
p
mf
mf
mf
mf
f
f
f
f

EXERCICES RHYTHMIQUES.

Ces exercices résument les difficultés de valeurs et de silences étudiées dans ce solfége, et présentent aussi de nouvelles combinaisons plus difficiles que celles employées dans les leçons qui précèdent. — Il faudra travailler chaque exercice de manière à l'exécuter sans s'arrêter, et le recommencer jusqu'à ce que ce résultat soit obtenu.

MESURE A QUATRE TEMPS.

A l'unisson. Il faudra dire ces exercices toujours piano et d'un mouvement modéré.

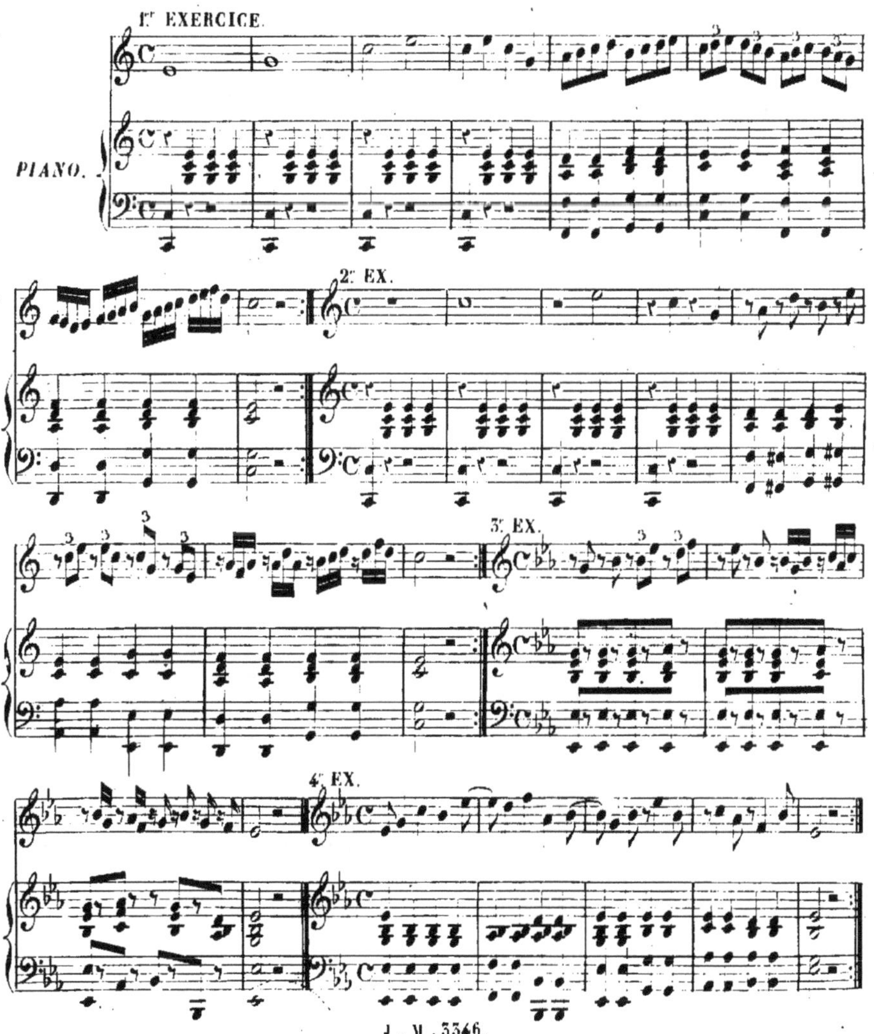

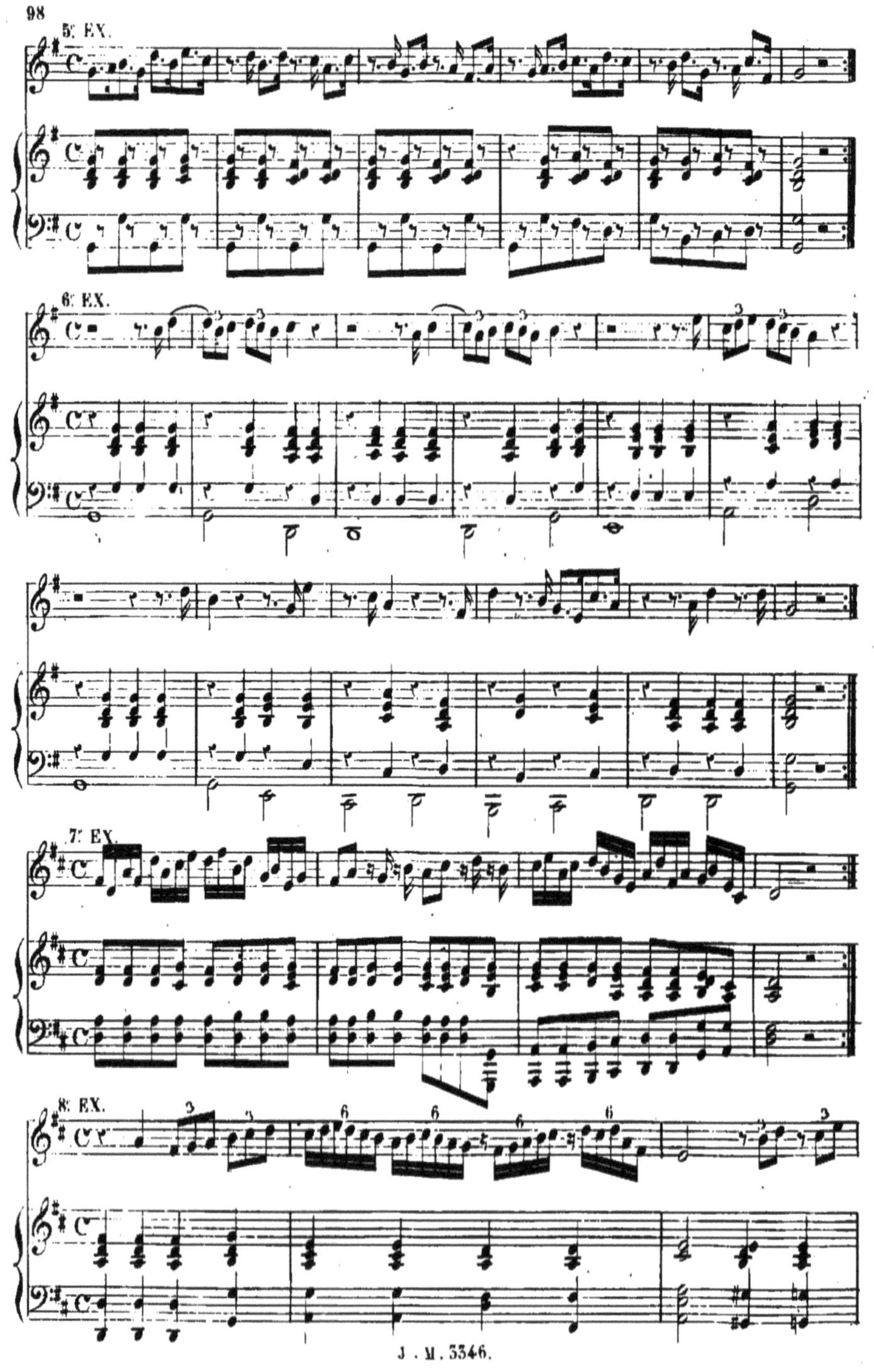
5º EX.
6º EX.
7º EX.
8º EX.

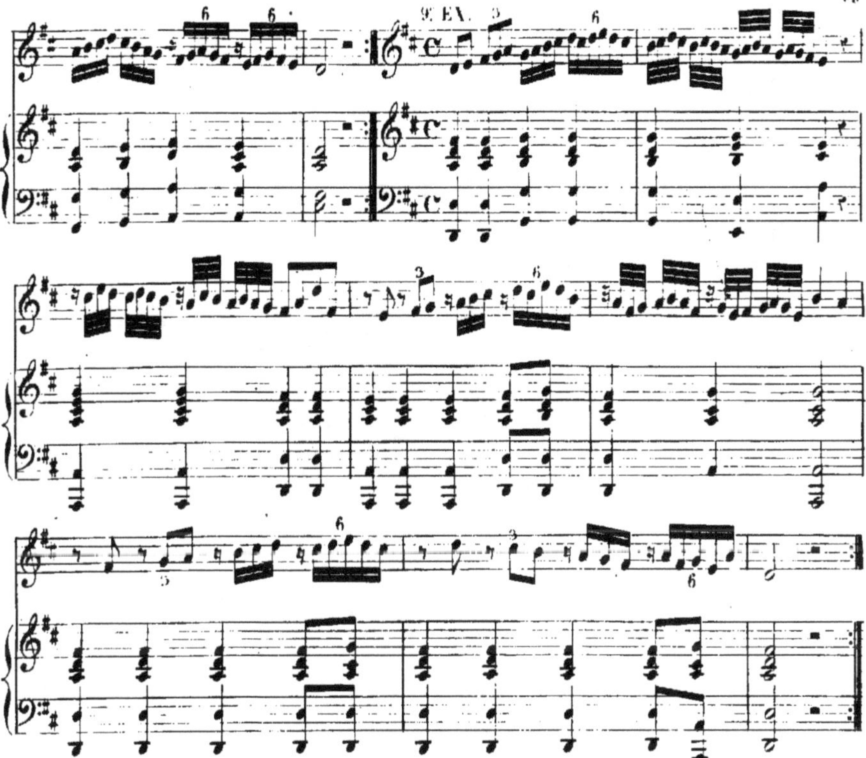

MESURE A TROIS-TEMPS.

Mesure à trois-quatre.

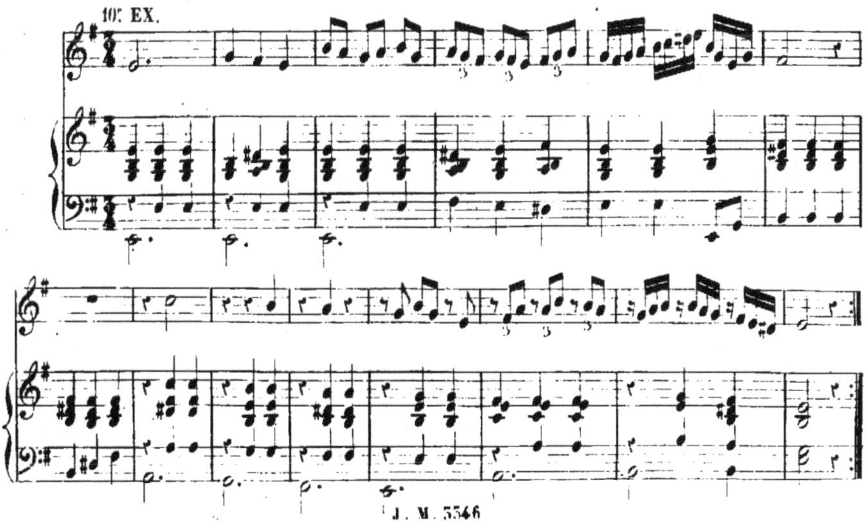

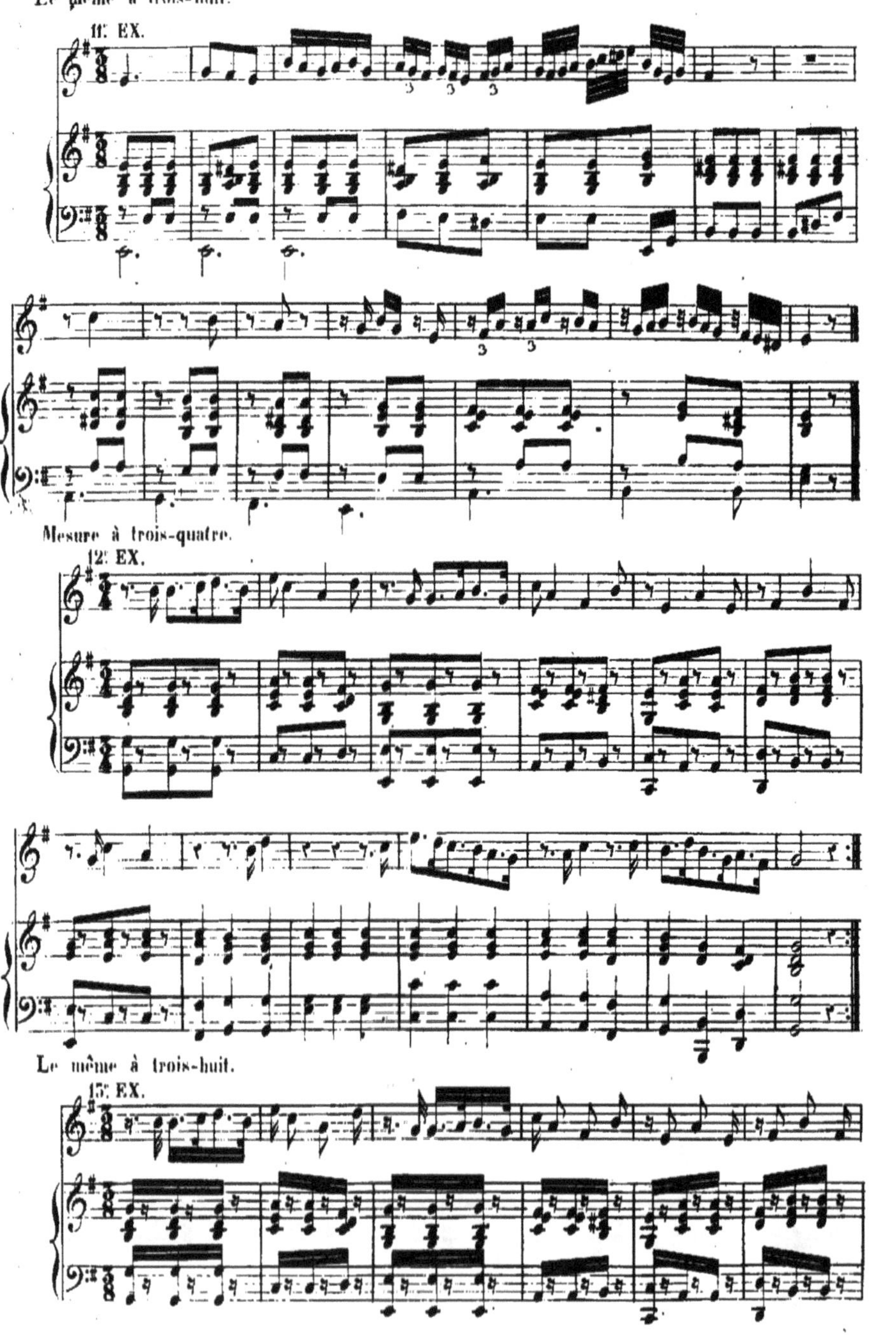
Le même à trois-huit.
11e EX.
Mesure à trois-quatre.
12e EX.
Le même à trois-huit.
13e EX.

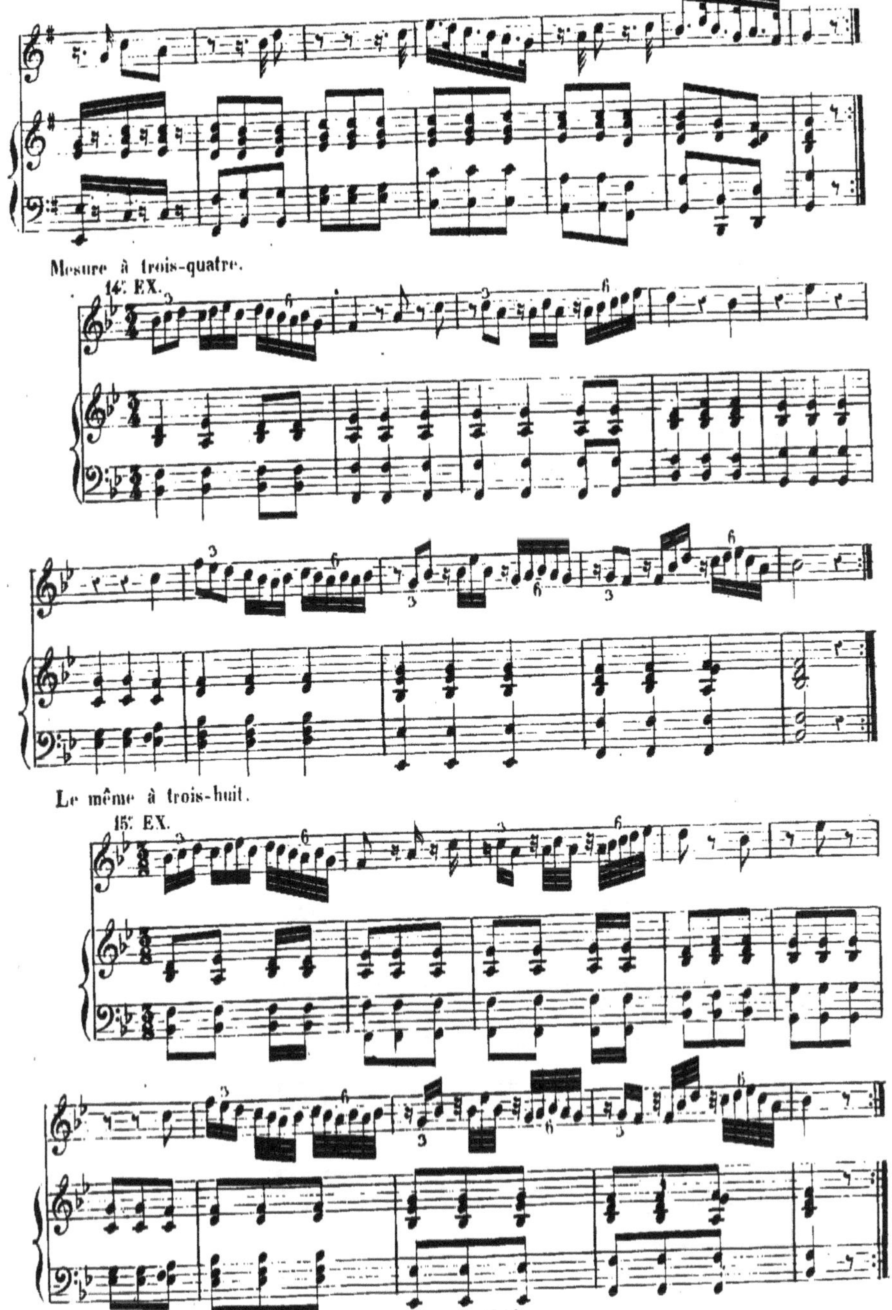
Mesure à trois-quatre.
14e EX.
Le même à trois-huit.
15e EX.

MESURE A DEUX TEMPS.

Lorsque la mesure à deux-quatre ne contient pas de triolet de croches. on peut, pour plus de facilité, la battre d'abord à quatre-temps en mettant une croche, ou la valeur d'une croche, à chaque temps.

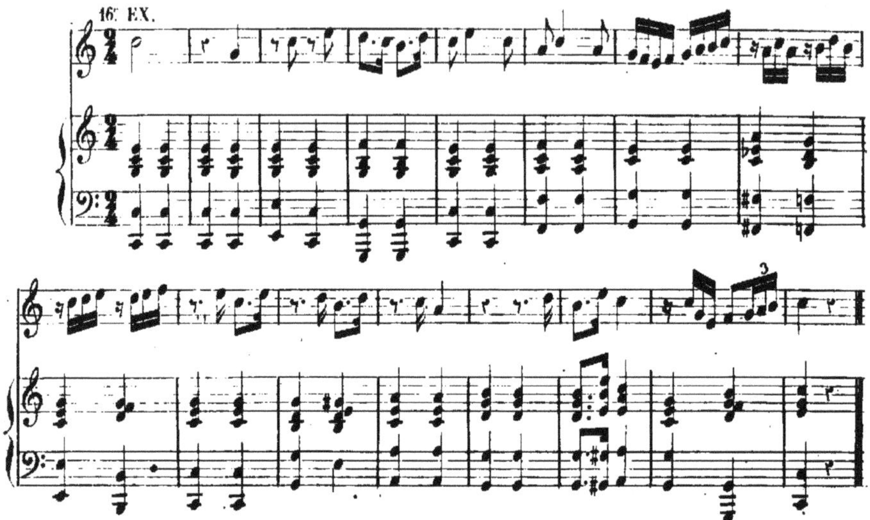

Le même en mesure large à deux temps.

On peut diviser cette mesure par quatre, en mettant une noire à chaque temps.

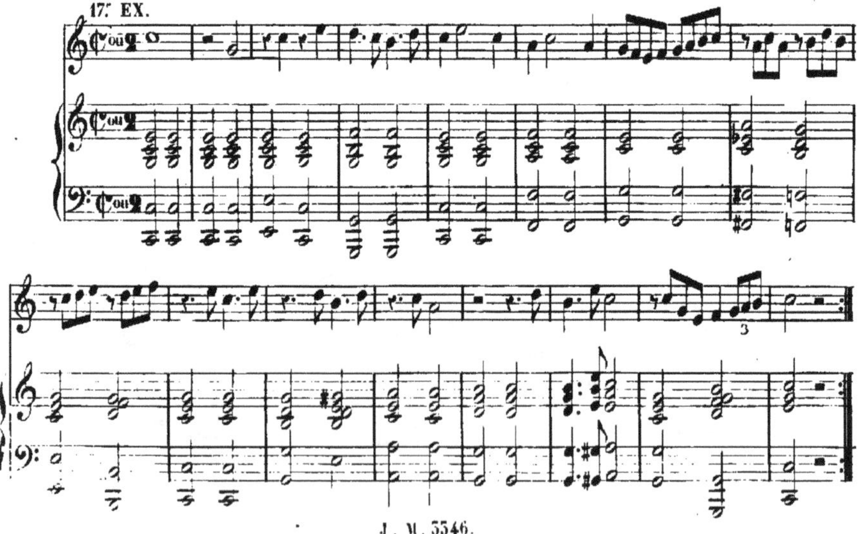

Remarquez que cet exercice ne pourrait pas se diviser par quatre.

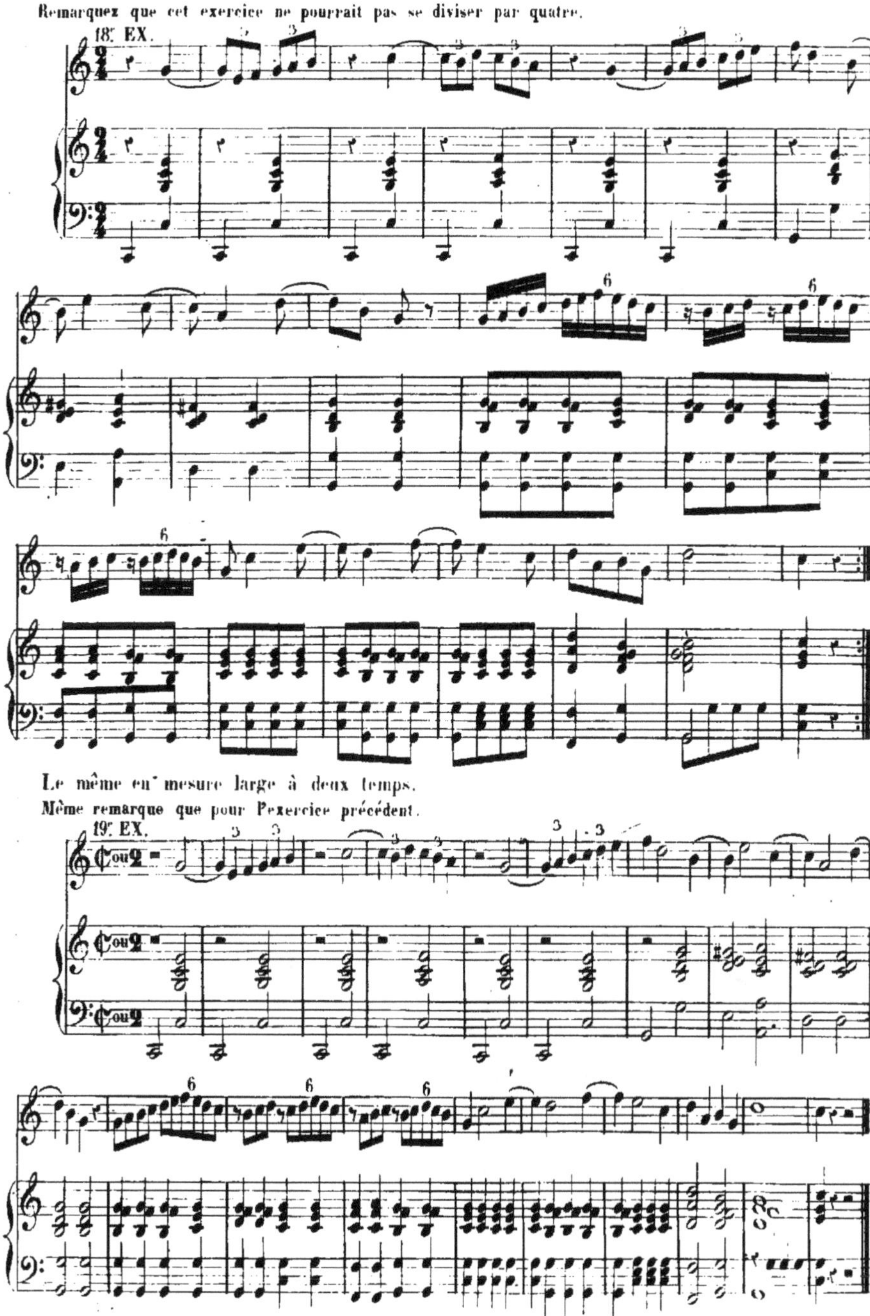

MESURES COMPOSÉES.

MESURE A SIX-HUIT.

On bat la mesure à six-huit en frappant seulement deux temps.

Pour diviser plus facilement cette mesure, on peut frapper trois temps dans le même sens.

Exemple 1 2 3 / 1 2 3

Ou bien encore faire d'une mesure à six-huit deux mesures à trois-huit, comme on l'a vu page 62.

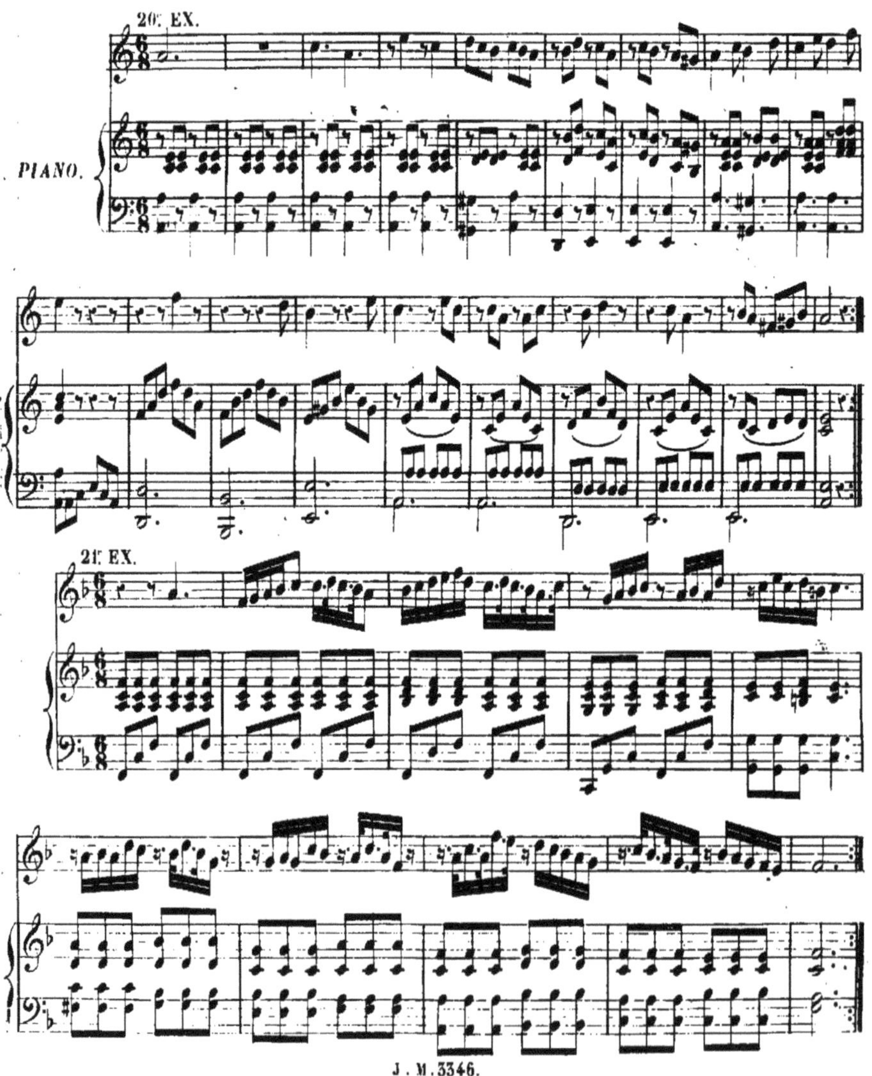

MESURE A NEUF-HUIT.

Lorsque la lecture d'une mesure composée présente trop de difficulté, il est toujours facile de la simplifier en faisant de chaque temps une mesure à trois-huit.

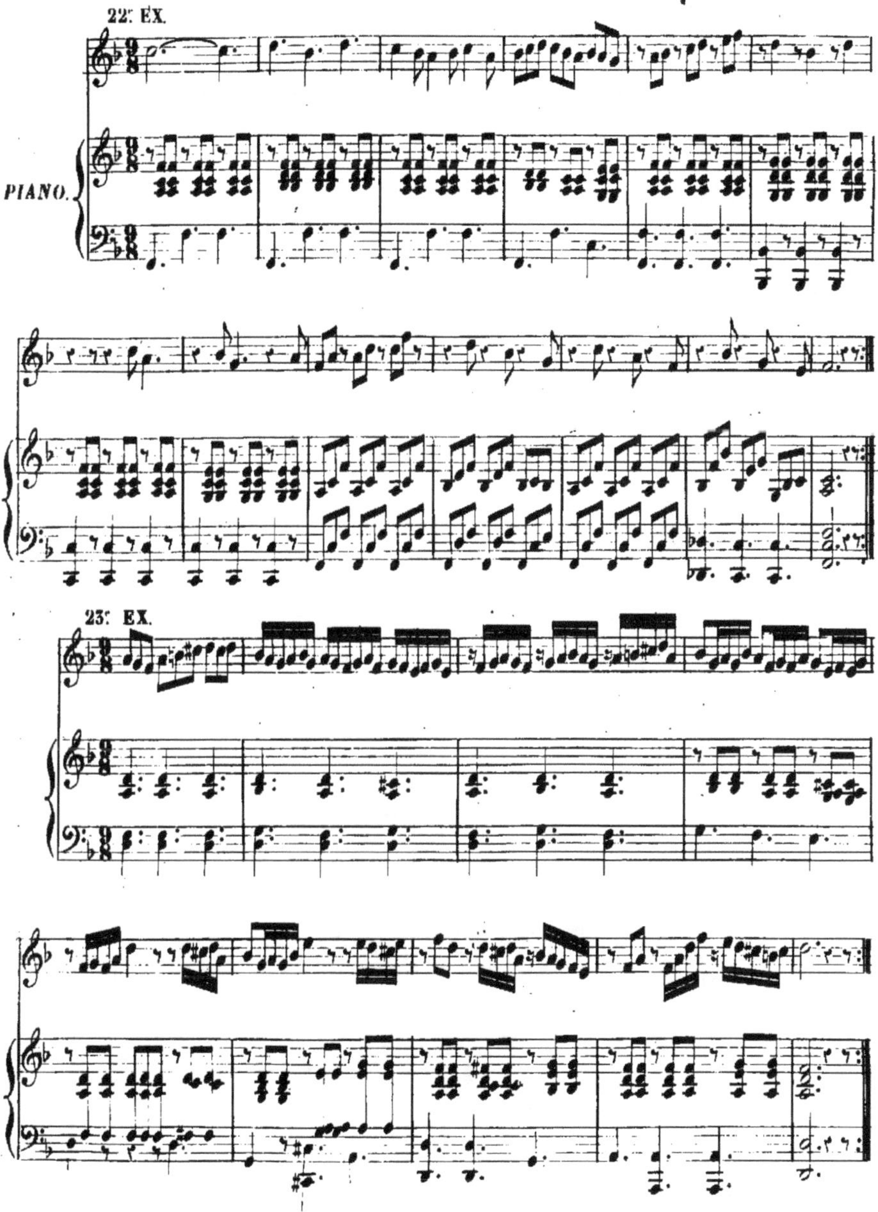

MESURE A DOUZE HUIT.

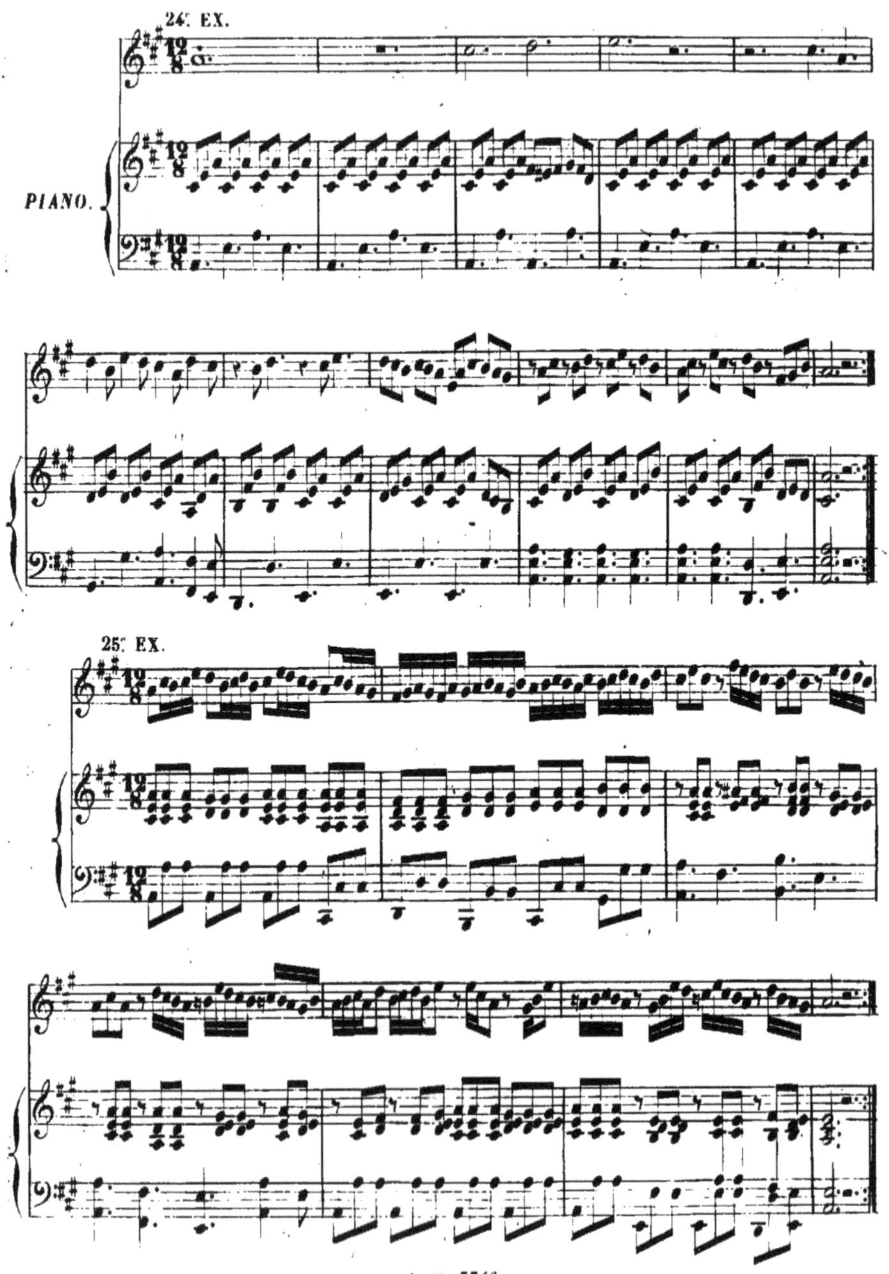

EXERCICES D'INTONATIONS.

Il faut répéter plusieurs fois de suite chacun des *Exercices d'Intonations* afin de parvenir à les exécuter avec une grande justesse.

Après avoir travaillé le 1er et le 2e exercice dans le ton d'*ut*, comme ils sont indiqués, il sera utile de les étudier successivement dans les tons de *ré* naturel, *mi* bémol, *mi* naturel, *fa* naturel et *sol* majeur. — Et, suivant que le professeur le jugera possible, dans les tons de *si* bémol, *la* bémol, *ré* bémol, *sol* bémol et *la* naturel. — Il est sous-entendu que lorsqu'on sera arrivé aux tons de *la* et *si*, il faudra chanter ces exercices l'octave au-dessous.

Il faudra chanter ces Exercices d'Intonations toujours piano et d'un mouvement modéré.

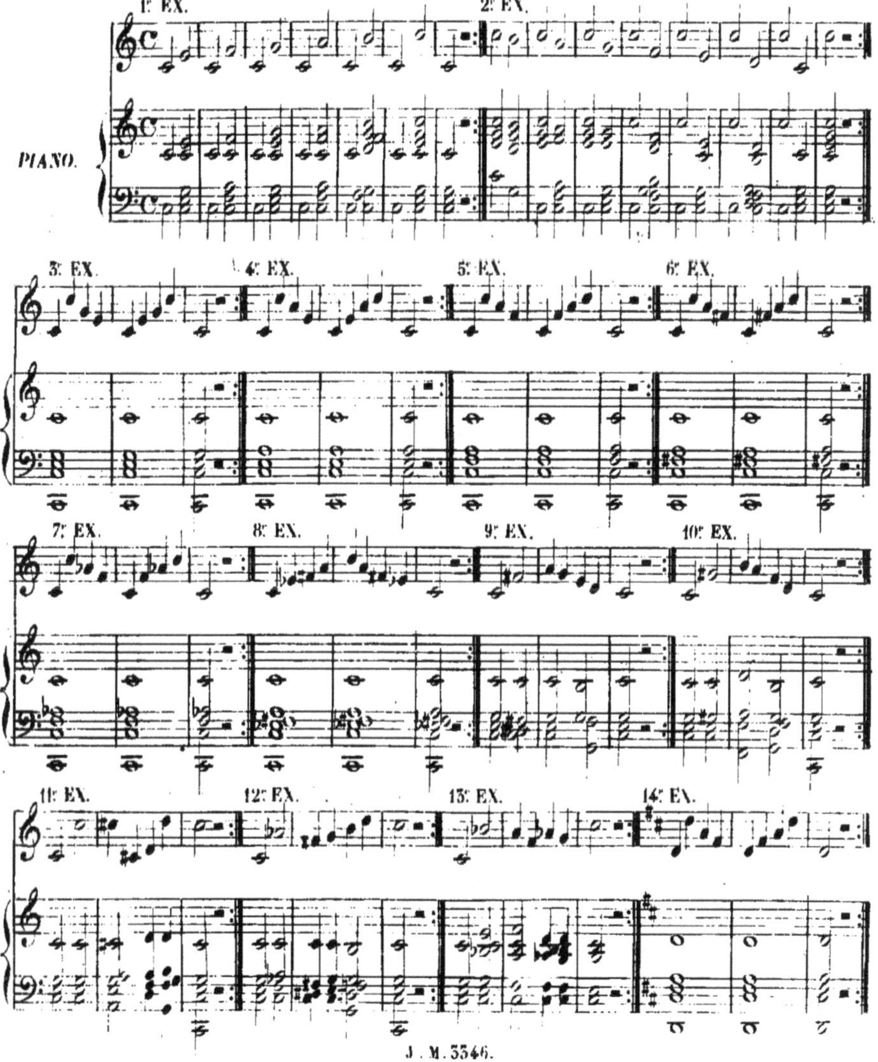

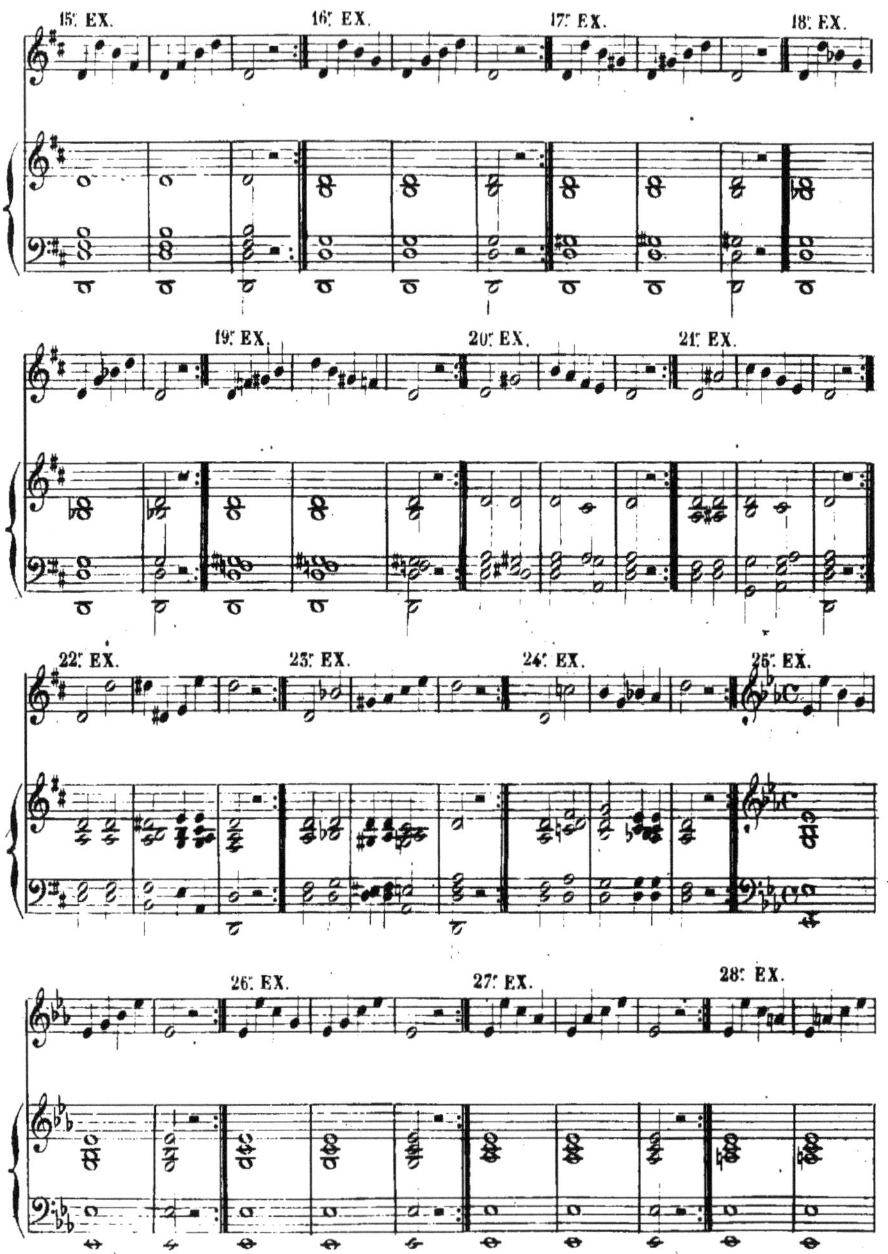
15e EX.
16e EX.
17e EX.
18e EX.
19e EX.
20e EX.
21e EX.
22e EX.
23e EX.
24e EX.
25e EX.
26e EX.
27e EX.
28e EX.

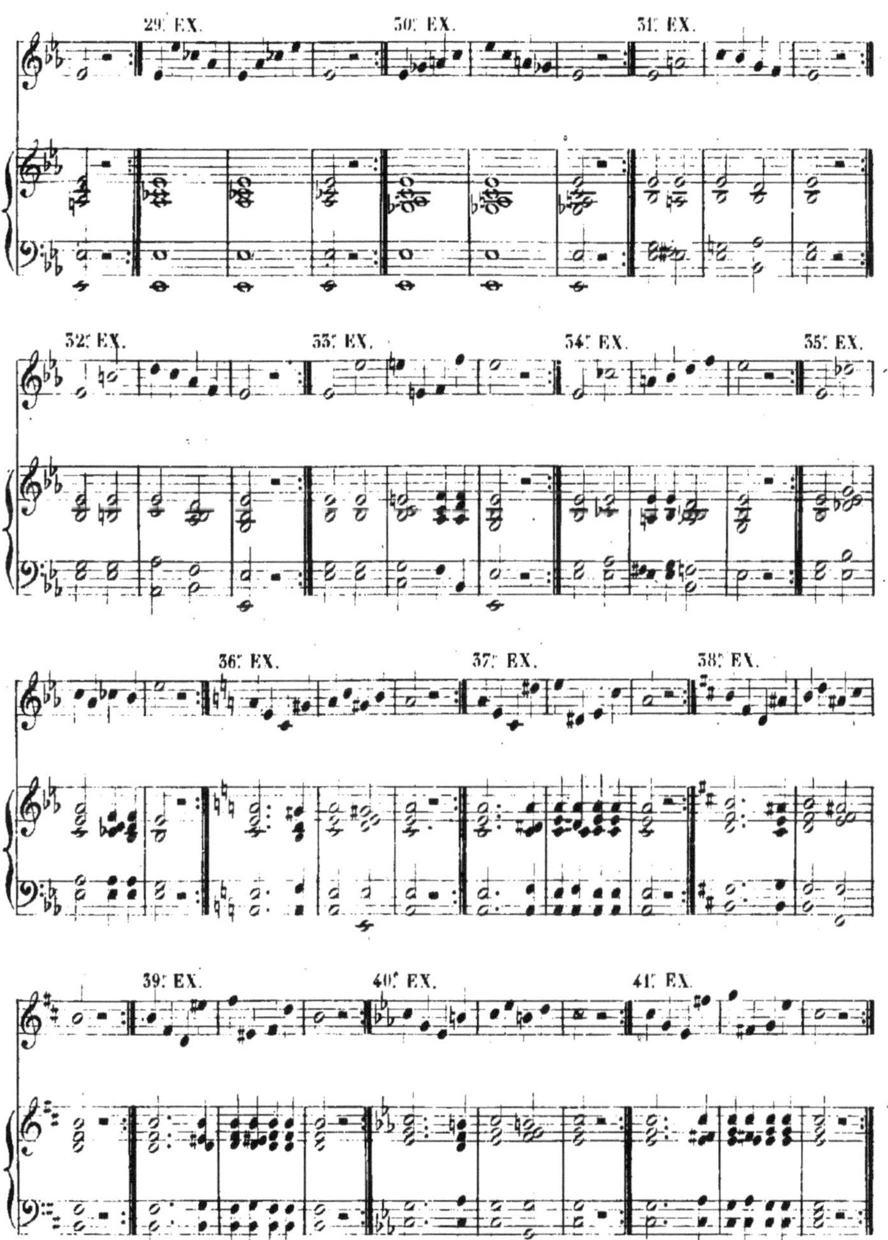
29e EX.
30e EX.
31e EX.
32e EX.
33e EX.
34e EX.
35e EX.
36e EX.
37e EX.
38e EX.
39e EX.
40e EX.
41e EX.

Il faudra travailler les exercices suivants en même temps que les leçons de solfège.

EXERCICES ÉLÉMENTAIRES DE VOCALISATION.

Ces exercices ont pour but de poser la voix, de l'assouplir, et de donner aux sons une bonne qualité. Ils habitueront en même temps les élèves à nuancer avec ensemble.

Vocaliser c'est chanter sur la voyelle *a*.

Ouvrez bien la bouche, afin que le son sorte entièrement. Respirez sans efforts, mais de toute votre haleine. Faites la plus grande attention à ce que le son ne vienne que de la poitrine et évitez les sons du nez ou de la gorge. Prononcez la voyelle *a* comme si elle était surmontée d'un accent circonflèxe, *â*, et non pas *à*.

Il faut étudier chaque partie séparément avant de les exécuter ensemble.

Dans ce 1er exercice chaque son doit être plein et fort.

Les virgules indiquent les endroits où il faut respirer.

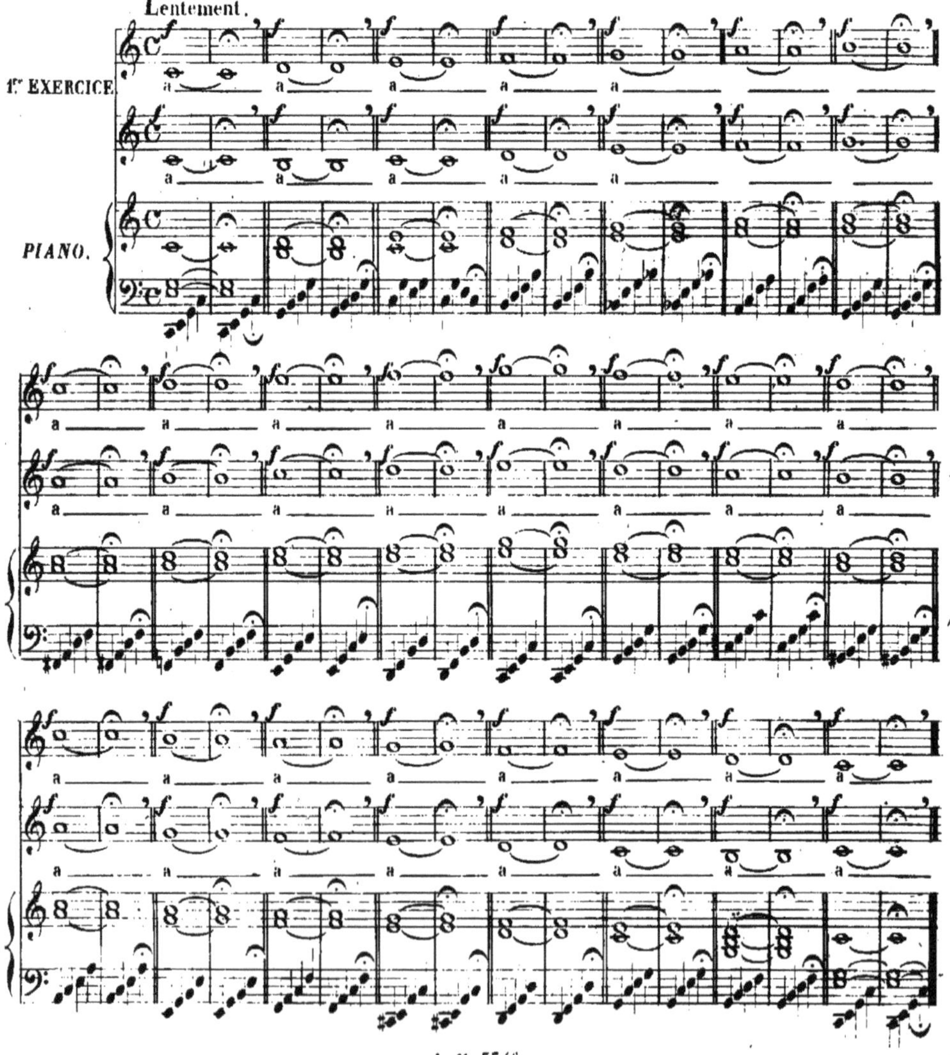

Commencez le son *pianissimo*, augmentez-le peu à peu jusqu'au *forte*, puis diminuez-le par degrés jusqu'au *pianissimo*.

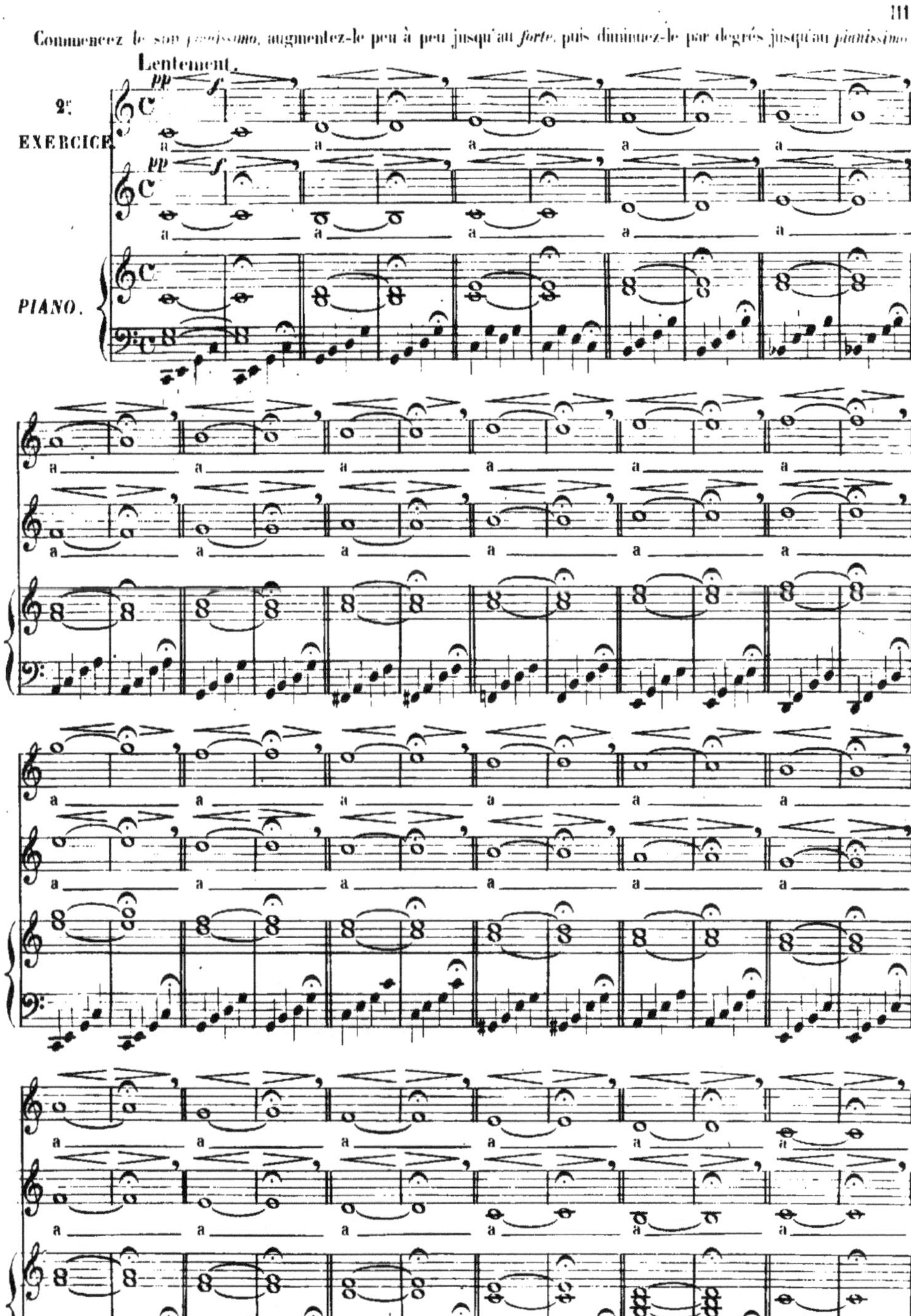

Observez toujours les nuances avec le plus grand soin.

Lentement.

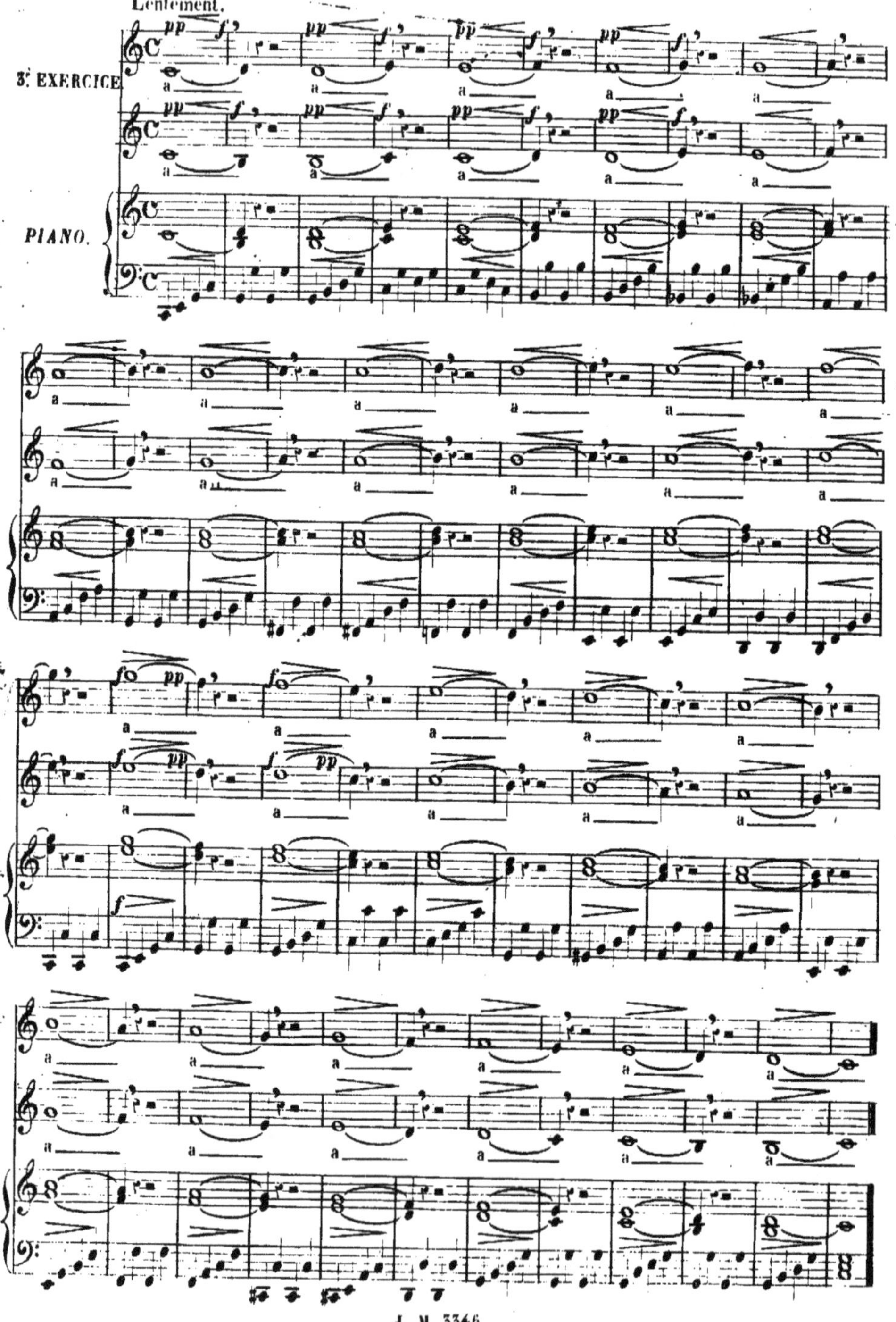

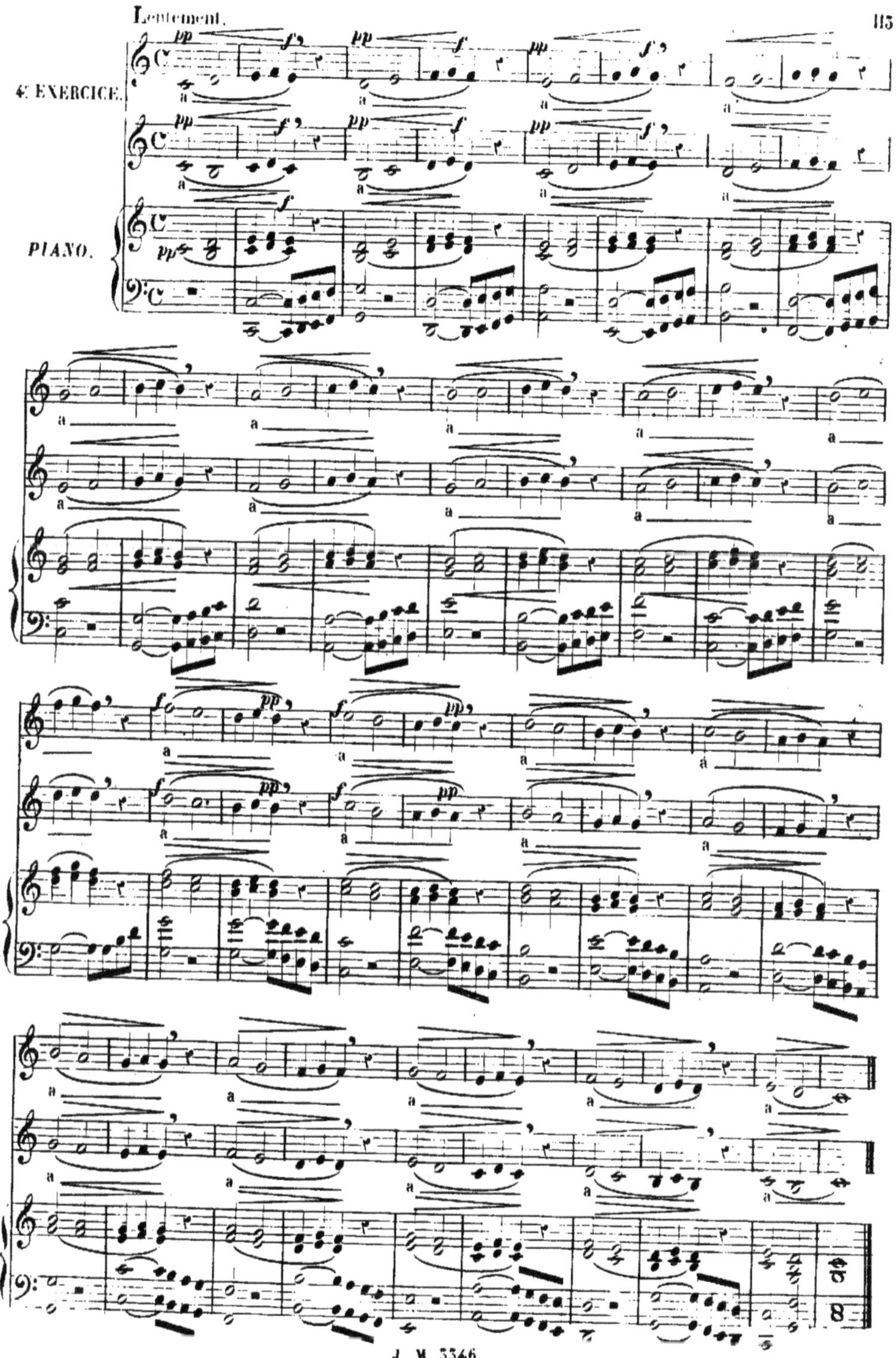
Lentement.
4e EXERCICE.
PIANO.
pp
f
a

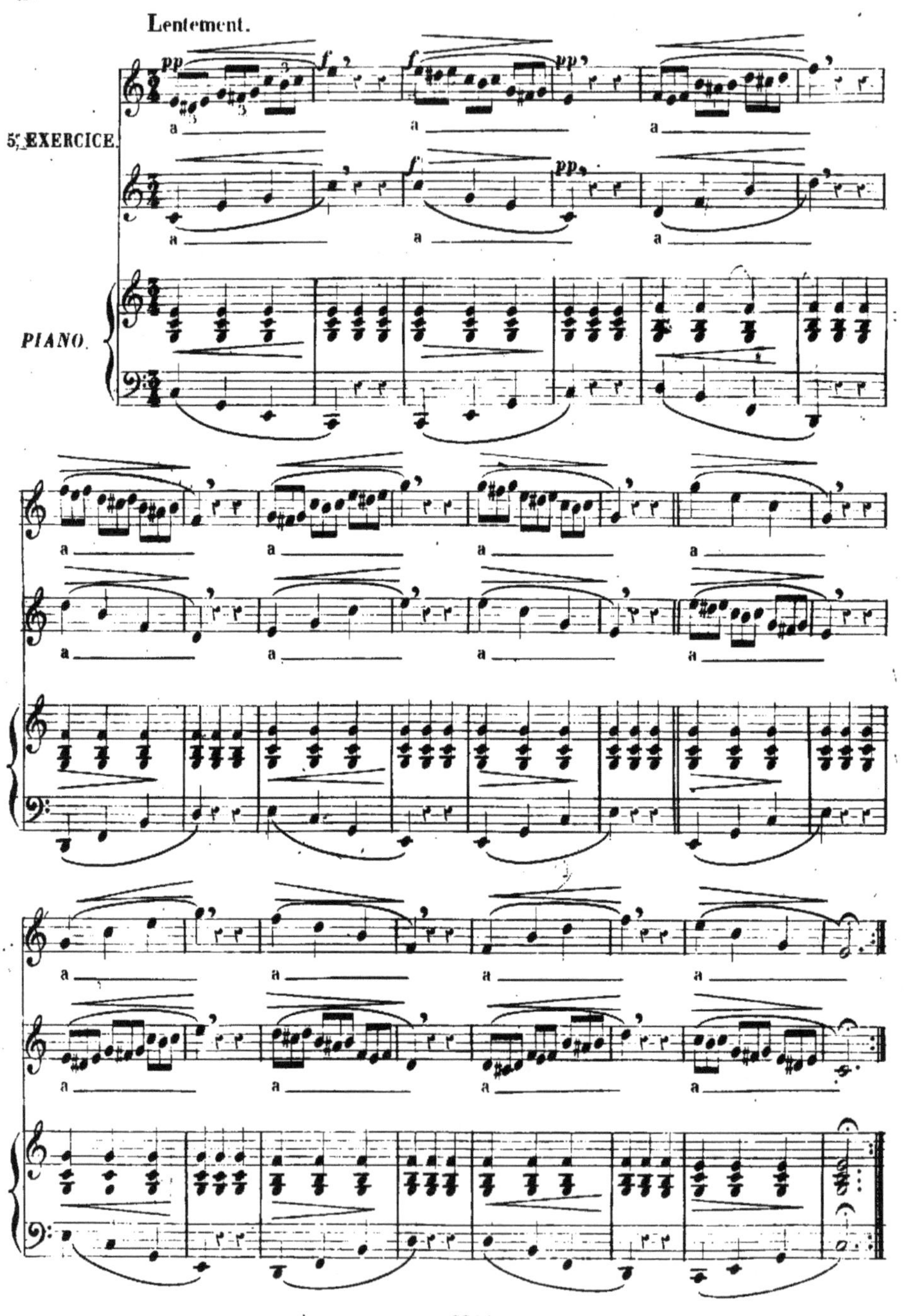
Lentement.
5.e EXERCICE.
PIANO.
pp
f
a

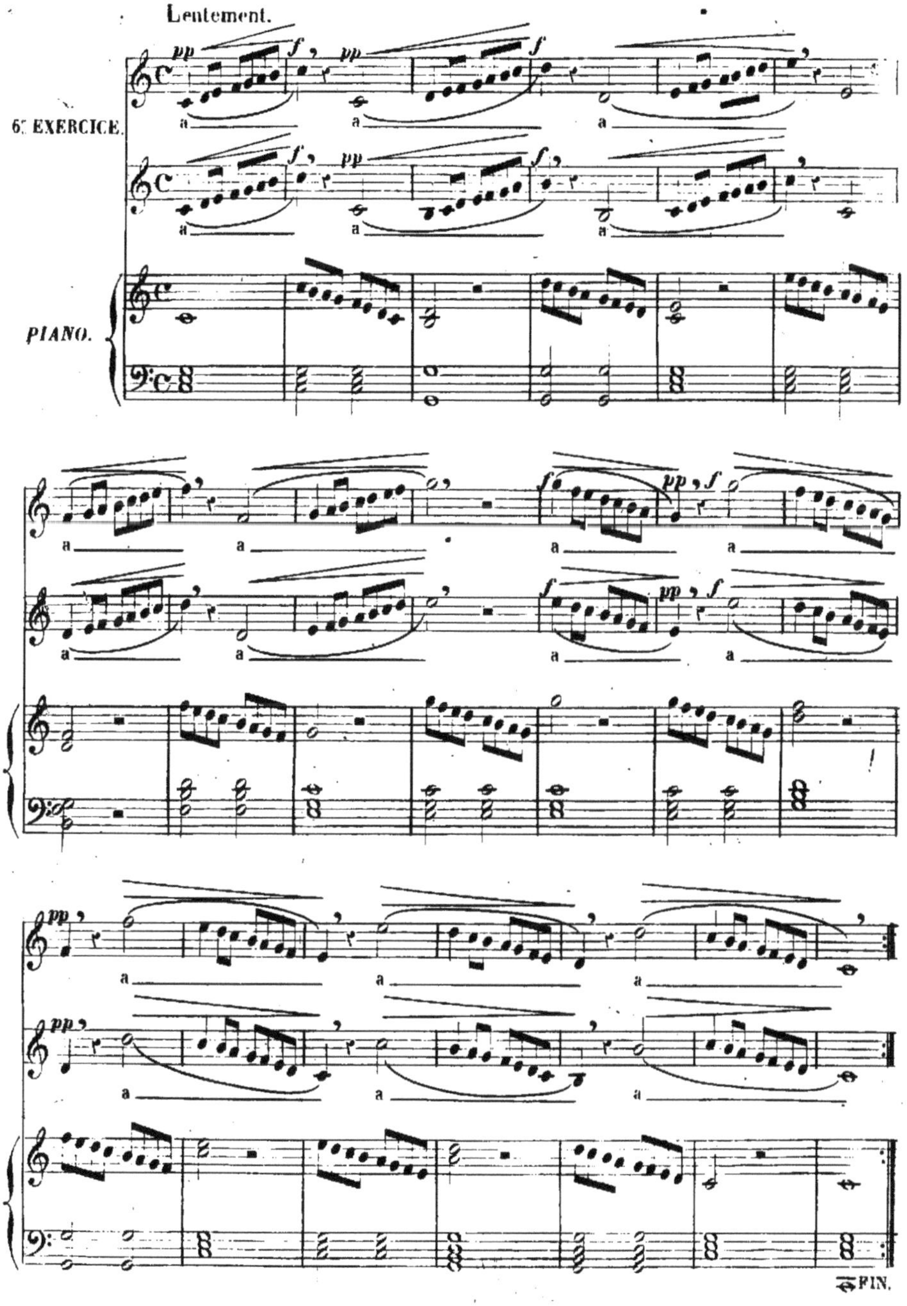

Lentement.

6e EXERCICE.

pp f pp f pp f pp f

a a a a a a a a a a a a a a a a a a a a

PIANO.

FIN.

www.ingramcontent.com/pod-product-compliance
Ingram Content Group UK Ltd.
Pitfield, Milton Keynes, MK11 3LW, UK
UKHW021544260726
13993UKWH00002B/625